一心教你 重拾性心

心教你

性問題 × 性治療 × 充實性知識的 **性福教戰手冊**

執業性學專家 鄭義鑫 為你解答

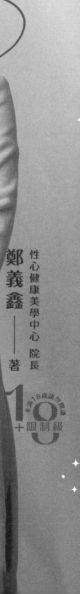

性心健康美學中心 院長

鄭義鑫 ——— 著

　　以作者多年的實務經驗，加上在性學領域上的深入研習，為這本書增添更巨大的說服力。

　　性的問題是許多人都會呈現，從兒童對性的好奇、發問，青少年對性的憧憬，中年夫妻的性困擾、老年的性迷思，功能障礙等等，無一不是在困擾著生活，期待從家庭、學校、醫護人員得到解答，然而不是缺席、就是不足。而這本書，在每個問題後，將淺顯易懂的理論進行敘述，讓閱讀者不只擁有方法，也能知曉原理，搭配上作者所舉的案例告訴讀者，這些問題的發生不是杜撰而是實例，它均會發生在你我的身旁，所以這本書兼具了理論與實務。

　　義鑫是我在性學研究所指導的學生，在學期間，看到他對性學的興趣與投入的熱誠。當年碩士畢業後，便以此為志業，更為了能有所精進，再進入博士學位深耕，均呈現著想為有性問題者解決的熱忱，相信憑藉著多年來臨床累積的成功案例注入書內，這本書的實用性是

非常豐碩的，因此，強烈推薦這本書給有興趣的助人工作者及一般讀者，人手一冊，照顧我們的性，一生受用無窮。

樹德科技大學 兼任講座教授　林燕卿

2024 年 3 月 31 日

　　愛是性的靈魂，性是愛的極致，這句話代表一份充滿和諧的性福關係，既需要愛的滋潤與引領，也需要良好、愉悅的性，作為親密關係的至高體現。

　　義鑫將個人豐富的實務經驗，與所學的知識、學理融會貫通撰寫此書，內容呈現多元的性議題且層面紛呈，不但牽涉生理，更關乎心理和社會的種種面向。無論是人體對性反應的運作說明，性愛的好處，或是一般人在性生活中面臨的困境，如性技巧缺乏、親密關係議題、身體性機能、性興趣的減損、無法性愛和高潮，甚至是有關社會性性議題以及特殊性偏好等，而引起的各類性問題，以及在性問題的自我辨識，和自助訓練等內容，書裡都做了詳細的分享。

　　在義鑫從事多年助人性福的過程中，看見了許多個案他們在愛與性的糾葛，有人之所以於親密行為時顯得疏離或生澀，是因為缺乏性經驗、互信和體貼，有些人受制於心理的性陰影，對性產生了恐懼，阻礙了性生活，還

有一些人由於生理機能的問題，如勃起硬度不足、射精問題等，導致雙方在性愛中無法獲得愉悅的感覺。

　　不同個案的愛與性之間都可能存在錯綜複雜的脈絡，因此經常使人在性生活上面感到困惑和阻礙。書裡除了有引導讀者認識性愛、排解性疑慮、解決性困擾之外，更帶領去探索美好的性體驗以及提升性的品質，不管是出於對性存疑、好奇的窺探、即將開啟性生活、正陷入性困境的人，都能在書中找到答案和實用的建議。

　　每個人都應該能擁有和享受性生活的權利，此書可以是前往性福之路的專業指南，相信在作者的引領下，來一場性與愛的質感之旅並不難，衷心祝願此書，能為讀者帶來嶄新的認知和學習，增添更多親密情趣與性福！

樹德科技大學 董事長　朱元祥

2024 年 3 月 28 日

　　個體心理學家阿德勒認為心靈與身體是不可分割的，
每個人都在尋找「共同體感覺」，簡單來說就是「歸屬
感」。作為致力於諮商與心理治療多年，從事人類性學研
究與教育者來說，我深知個人的親密關係對其自我信念、
身心健康與生活品質具有關鍵的影響力，而性關係的親密
感所營造的獨屬、排他、互惠是其他關係無可比擬的。
但，可惜的是，當在這個說性不再羞羞的時代，心理、
諮商、社工、醫療、教育等各種專業助人者是否已經準備
好，具備相關知能與案主或病人談論這個極具個人化與隱
私的議題，以便能增進其與伴侶的親密歸屬感？

　　本書看似是寫給大眾的科普或婚前婚後的性教育「教
材」，無論是性的新手或是老司機，都能在本書特有的幽
默筆觸、輕鬆易讀的對話中找到寶貴的資訊與指導，獲得
「擁有性福的生活，我們都可以」的信心。其實更為各種
助人、性教練、性健康管理、老人照護、性情趣輔具、性
權倡導者、身心靈健康推廣等相關領域的專業人員，提供

實證科學支持的理論架構，兼顧生理、心理、社會、倫理多元層面評估的處遇實例，為常見的性問題提供了解答和解決方案。

　　本書是一本每對伴侶都應該擁有的書籍，它不僅增進個人和伴侶之間的理解和同情，更是通向性福生活的橋樑。它也是一本性諮商、性治療的實踐技術指南，不管性知識程度如何，都能從中獲益。讓我們一起走進義鑫的性學課堂，信手拈來的知識，活潑不羞愧的討論，正是台灣民眾需要的，也是送給你自己的獨特禮物。

樹德科技大學 人類性學研究所　副教授 李珣

2024 年 4 月 12 日

■ 推薦序 4- 鈞安婦幼聯合醫院 院長 林克臻

　　首先，我由衷讚賞這本關於「性福議題」的好書，也感謝作者在這個領域的卓越造詣和豐富的經驗。身為一名婦產科醫師多年，我深知人體的奧秘有多麼複雜精微、難以捉摸，在臨床工作中時常會遇到患者的性功能障礙，是源於心理或是關係層面的影響，而阻礙了醫療過程的順利進行，有些患者因為遭受過性創傷產生對性行為的恐懼，有些是夫妻關係的問題，也有患者因為產後激素的改變或對身材的負面看法，導致沒有性慾。

　　這些案例都說明了性功能障礙的確也與心理、親密行為有關，因此只有醫療的介入，是不足以協助這類患者的。所以當鄭院長跟我說，他想寫一本關於性福的書，並邀請我寫推薦序時，很期待他會從性學觀點的綜合視角，深入去解析各種性生活阻礙問題的內容。對於「性如深淵、愛無止盡」這句話，我蠻是贊同，雖然簡單幾個字，卻說出了性、愛議題有無窮的摸索與探討空間。而作者也分享了寶貴的案例，讓讀者能夠在各式各樣，令人抓不準的性問題中找出答案，在每個案例的背後，

都有作者在性學領域的專業見解和實務心得。

　　我認為，現今社會有很多人對性話題仍然不擅於表達，或是常常保持沉默，甚至當成禁忌。但只有以健康和開放的心態去討論這些性事，我們才能更好的了解自己和伴侶的性需求與感受，所以我鼓勵每位讀者，都能認真的看這本書，從中獲取正確的性愛知識，可以有更健康、更充實、更愉悅的性生活。

　　祝福讀者們，性福美滿！

鈞安婦幼聯合醫院 院長 林克臻

2024 年 3 月 30 日

██ **推薦序 5- 臺安醫院 家醫科醫師 羅佳琳**

「沒有經營不了的親密關係，只有已經停止相愛的人心」很喜歡書中的這句話～

看完鄭院長這本書，心中是非常感動的！

身心靈為一體，執業生涯除了處理生理疾病之外，發現很多人的行為背後是情緒引起的，也是疾病的根源。我們也很常忽視伴侶互動時，產生負面情緒的問題。不少人認為伴侶就應該會自然地各司其位，連性生活、高潮都會水到渠成，但是兩人若缺乏溝通，或是沒有性經驗就上場，就容易導致挫折與疑惑深埋心中，最終關係只能勉強保持最低限度的連結，雙方有苦說不出，心中百般的不解，弄不清是自己還是對方的問題，也不曉得該如何尋找解答。

所以鄭院長這本書的出現，真是太好了！性的問題經常與關係互相影響，每個人的性困擾成因都不同，要把錯綜複雜的因果理清，就已經是一大工程，這本書卻能用簡單易懂的方式，以條列式、有步驟的讓讀者理解該

注意的地方，不只是有專業的解說，針對各種性問題定義也加以說明，讓讀者可以自己做初步評估。

卡爾·榮格曾說：「每件促使我們注意到他人的事，都能使我們更好地理解自己。」問題的出現都是成長的契機，這本書除了探討性反應、性慾、性癖、性技巧，也花了篇幅來說明臨床上較難處理的狀況，例如性交疼痛、陰道痙攣，以及關係中的情感移動該如何因應。即使上述沒有親身體驗過，也能透過閱讀本書增進對性問題的理解和包容，另外，鄭院長還以多年經驗提出相關案例、分析造成性問題的原因，再給予改善的建議，內容非常務實、輕鬆、幽默，我想無論是醫療人員、一般民眾都很值得閱讀和珍藏此書！

我很榮幸能為這本書寫推薦序，這是一本床頭必備的工具書，也是一本幫助你打造性福人生的書！

臺安醫院家醫科醫師 羅佳琳

2024 年 04 月 09 日

多數人對於性的看法是隱晦甚至是禁忌的，不太敢公開談論或直視自己的性需求。然而，性是維繫伴侶關係、建立家庭、傳宗接代甚至自我肯定中重要的角色。它塑造了文化、價值觀和人際關係。我們不能將性僅視為延續基因的工具，目的也不只是短短幾秒的性高潮、射精，背後包含著豐富的情感關係及自信心。若出現性問題時，生活如同失色、黑白的畫作。在我初涉男性學時，聽過恩師對患者說：「近視時你會看眼科配眼鏡，為何發生性功能障礙，卻不敢求醫？同樣都是生理的問題，為什麼有差別待遇？」這是多數人的盲點。

作為一名泌尿科醫生，負責處理「性」的「功能問題」，例如勃起功能障礙、早洩或射精困難等。醫學有許多治療方法，可以改善這些功能問題。不過，對於心理和伴侶關係，或是身體的性探索，還真是遠不如「性學家」來的專業。曾有患者在門診提到一個問題：與妻子行房時，陰莖會像甜不辣般的Q彈（這不是好現象）；而自慰時，陰莖卻能像小黃瓜的硬度，經過了解發現這位

患者，其實有些特殊的癖好，妻子對癖好卻十分抗拒。雙方磨合一段時間，都不能達成共識，性生活慢慢出現了許多障礙和壓力，這些負面的經驗逐漸削弱對性愛的期待，影響雙方的性慾，導致患者在床上的表現下降，陷入一個惡性循環，因此，伴侶間如何探索和溝通，是維持雙方性趣很重要的事！

而鄭院長，是我目前所認識的人當中，對性事最了解的專家，在性意識抬頭的時代，做好功課擁有性福生活是不可或缺的，我相信這本書，將是你我最好的教戰手冊！

泌尿專科醫師　黃維倫

2024 年 4 月 3 日

生命中一份神祕且重要的禮物

來到高雄左營，沿著樓梯，舒雅的精油香氛蠟燭陪伴著我們，順著滿室的馨香，走進諮詢室，溫暖得令人安心的色調，輕輕流洩著的藝術音樂，舒適的座椅，我們來到一個六感聚集的空間，談起出版後的行銷方向與策略。

和鄭院長幾次相處，你會感覺他就是一位非常溫和善解人意的鄰家男孩，俊俏的臉龐，自在的笑容，侃侃而談，穩重而專業，細心且專注而他所談的是大家很想探索，卻會躊躇不前，但又是很多人會默默關注的〔性福〕主題。

令人尊敬的是每一項議題的背後，都有他在這個領域中極為豐富輔導經驗下，創造卓越的專業造詣，其所涉及的面向極為廣泛。院長邏輯清晰，學理豐富，應用在實際的生理心理層面上，都有正確的且實用的臨床成果，也藉此實際的幫助了非常多的人，重拾「性」的自

信和伴侶關係。

本書中有著院長數年來梳理解困的各種案例經驗，分析整理並提出具體改善方案和辦法，加上他輕鬆、幽默、踏實的筆觸，容易閱讀，深入淺出，既可提供專業醫事人員實務的臨床案例，有可供一般大眾膾炙人口的日常覽閱，是一本生命中難得一見的神祕卻重要的禮物。

他的父親親手書法寫著鄭院長的佳句「性如深淵、愛無止盡」的字畫，正掛在諮詢室中，透露著父子間的連結與支持。也告訴我們這本書的問世，是多少人引頸企盼，並給予愛的延伸和真誠關懷。

在作者序中，你更可以從院長從事這項工作的初衷，完全來自於他深刻的用心與良善，更看見他對人性細膩的重視關注與社會問題的悲憫之情。他從家長的價值觀與態度及行為規範而影響孩子對性的認知，作了完整的實務的研究與理解，啟動了將性學領域成為志業。決心來幫助更多人解惑，解謎，解決問題。

院長在創辦性心健康美學中心後，用極為審慎的精神，讓性與愛的議題有更多面向、更多元探討與研習的

空間。我也很希望藉著這本書的問世，能帶著社會翻轉；以積極正面、以健康安全來讓每個人的生活更充實愉悅、更性福和諧、也更溫馨美滿。

現在就要呈現在你面前的，是受用一生的一份幸福禮物。我們閱讀的不只是一本性福教戰手冊，還有閱讀執業性學專家鄭義鑫院長【一心教你重拾性心】的成就與利他助人的心。

出版序的最後，我想特別感謝引薦院長和我們認識的劉翔睿先生，謝謝他帶來這次美好的緣分，讓這本好書得以問世，實現社會上許多人心中的願望。

也感謝總編所帶領專業的幕後工作團隊，公司經驗豐富的行政團隊，共同發揮群策群力的合作默契。每個人都以虔誠祝福的心來期待本書的發行，在市場上引領風潮，帶來更多正面的效益與影響力。

出版總策畫 時兆創新—時傳媒文化事業體
創辦人 林玟妗

　　已經 15 年了，那件事還清楚地記得。在創辦助人性福事業之前，我曾在兒少安置機構擔任院長，就在那裡，發生了兩件與性有關的事件，讓我感觸到機構孩子的負向行為，已經不只有在說謊、偷竊和暴力上，當時也閃過一絲的焦慮，覺得性議題對孩子們的生活影響，可能會比我們想像的更深遠！多年後證明，的確如此。

　　這兩起令我震驚的事，當時我正在機構走動，洽巧聽見從浴室傳來一陣喧鬧的聲音，前往查看時，發現兩名年齡相差較大的男孩，全身赤裸在浴室裡，小男孩蜷縮、蹲坐在角落啜泣，我隨即意識到這可能發生了強制猥褻甚至是性侵的事件，很難想像這個性暴力，將給小男孩帶來了多大的創傷。另一件則是在機構的圖書館裡，一個孩子安靜地看著兒童繪本，一位高中的青少年卻在旁邊肆無忌憚地，看著手機裡的 A 片並自慰，兩人年齡、身形、A 片和繪本的反差，形成了多麼違和的景象啊！

　　由於機構工作人員多為女性，欠缺與異性青少年談性的經驗，因此事後的輔導就落到，在一眾女人堆裡工

作的我身上（非常吃香且稀缺的男性角色）。孩子在自慰的行為表現我是認可，只是針對地點和尊重他人的態度，給予一些告誡，少年問我自慰能在哪裡做？寢室有人（同儕）怎麼辦？機構是多人合寢，只有浴廁可單獨使用，而這些地方不合適我也知道，又礙於機構管理涉及許多面向，所以我也只好回應：讓我想想！接著少年又問：什麼是早洩？我語塞！「就是……很快就射出來」，接著針對院規進行遵循的勸導，性問題的部分草草結束，沒有太多深入的對談。其實事件之前，我沒那麼重視性議題對發育期的孩子們來說，是多麼使人費解和困惑，甚至我自己也從來沒有想到這些問題呢！

我反思孩子在原生家庭，是如何從父母那裡，接收到性相關資訊的？家長對性議題的態度、價值觀和行為規範，又會如何影響孩子對性的認知？而青少年對性的好奇和渴望嘗試，卻又常常被禁錮和壓抑，導致他們不得不暗地裡偷偷摸摸去做一些觸規、違法的嘗試，這些生理、心理動力驅使的性行為，讓我深刻認知到性的重要性，也是我真正對「性問題」產生興趣的起點。從那時起在一次機緣下，進入性學領域學習，決心要幫助更多

人解開心中的性疑惑、處理性的問題。

　　性議題是複雜的，它由生理、心理和社會層面構成，像是一些性功能障礙、性機能的反應、性偏好、性別認同與性傾向等，甚至是近年來經常在媒體版面的性騷擾、性侵害等性暴力的事件都在範圍裡，還有一個元素也是性議題中的常客，即是愛情的「愛」，它與「性」的關係非常密切，有人覺得無法分離，有人的性與愛可以分開看待，而我認為「性」讓「愛」裡的互動更親密，「愛」讓「性」的感受更豐富。性愛議題的多元性，讓我每次接觸新學員都戰戰兢兢、謹慎以對，也時常為我帶來驚喜和學習機會，真是我的實務老師。由於這兩個字的組合太有趣和極具含意，因此「性如深淵、愛無止盡」，成為我在從事性福助人工作上，提醒和支持自己的座右銘。

　　在創辦性心健康美學中心後，幫助了許多人恢復性生活的愉悅與自在，甚至解決了由特殊性癖好所產生的問題，讓他們在性與親密關係上獲得了平衡。學員都有自己的故事和問題，比如缺乏性技巧讓親密動作看起來青澀、感受不到伴侶的貼心，和彼此信任出了問題逃避性

愛、性交會痛或是有深層的恐懼，導致陰道極度緊繃使性生活受阻、對性的興趣降低讓慾火難以燃起、勃起硬度問題影響了性的興奮、過早射精讓性愛提前結束，以及無法在陰道內射讓彼此的感覺都很不好，甚至沒有性高潮對性生活感到不滿意等等，這些涉及性行為的負面問題，都會為其帶來焦慮和痛苦，直接或間接的影響親密關係。而探索每個人性問題的形塑原因和歷程，也成為了我在性學領域非常寶貴的經驗。

　　性，是造物者給予生命延續以外，一份最神奇、最不可思議的禮物，性經驗因人而異，有些人缺乏性的認識或是摸索，以至於有「性到要用時，方恨少」的感嘆，有的人則是看 AV 學性愛，由於成人片多是以性刺激引起性慾為主軸，少了一些正確性愛知識，或多了有違道德、常理，甚至觸法的內容，若因此照本宣科，性生活可能就會帶來困擾。為了協助讀者理解性生活中，不順遂和受阻的因素，並預防性問題的產生，我會以性學的觀點和實務的經驗，從性心理、親密關係及性行為等面向，去探討各式各樣的性愛狀況和性問題案例。另外，還將解答人們的一些性疑惑，分享特殊的性議題故事，

以及提供上述這些性問題的處理方法，包括簡單的性技巧練習去克服對性愛的恐懼、性趣缺乏、男女性興奮不足、沒有性高潮或不易控制射精等常見的性困擾。

　　每個人都有權利擁有自在、愉悅、健康、滿意的性生活。無論你是好奇而閱讀、想弄懂性的疑難雜症，還是即將展開第一次的性經驗，不知道該怎麼進行，亦或是你正處於性生活不協調的狀態，性事屢屢受到阻礙、碰壁，甚至是身為老司機的你，愛愛過程已經無法感到性愉悅等等，本書都有合宜的解答和技巧傳授，幫助你更好掌握自己身體的性感覺，或與伴侶探索、開發更豐富及愉悅的性愛體驗，提升性生活的質感，讓我們一起踏上人生的性福旅程吧！

目 錄

一、擁有性福須知 / 33

四、性愛前戲技巧與情趣 /191

我，中年大叔一枚！執業性學家，有多年助人性福的經驗。從樹德科技大學人類性學研究所碩士畢業後，創辦性心健康美學中心，目前正在進修性學研究所博士。也是鈞安婦幼聯合醫院性學中心 主任、台灣男性學暨性醫學醫學會 第十屆性治療教育委員會 委員。

小提醒：對了，為了不讓內容充斥太多性交一詞，書中會以抽插、啪啪啪、嘿咻、上床、性愛、做愛、打炮，來代表性交（Sexual intercourse）、或是陰道性交（vaginal intercourse）。

一、擁有性福須知

　　要性行為之前，通常會出現「想」的念頭，進行時會有呼吸急促、臉紅心跳加速，陰莖勃起、陰蒂充血、陰道濕潤等一系列容易察覺的性反應，其實人類性反應是有模式的，首先由六零年代美國性學家 Masters and Johnson（馬斯特與強生）所合著的《人類性反應》中提出，人類的性反應有「興奮期」、「持續期」、「高潮期」、「消退期」等四個階段，之後七零年代再由美國性治療師 Kaplan（卡普蘭）認為性反應也會受到心理、認知和情感狀態的影響，提出在興奮期前加入「性慾期」，因此人類性反應週期有性慾、興奮、持續、高潮、消退等五個階段，而這些性反應在人們生理發育成熟後，是不會因為年齡、種族、性別及性傾向而有不同的差別。

（一）性的雲霄飛車（人類性反應週期）

（一）性慾期

「起色心」就是這個時期，會想性交，且通常有性愉悅和性高潮經驗的人，反應會較為強烈，執行動機也會更高。如果在情緒和身體肌肉都放鬆的情況下，性行為的渴望會增加，有時候會出現性的幻想，也會專注在性的刺激，這時對於其他周遭事物的關注度下降，不過會因人而異，而許多人的性問題會發生在這個階段。當開始有性慾時，受到視覺、聽覺、嗅覺、觸覺（性刺激媒介）等感官刺激後，將進入下個性反應階段——興奮期。

此時期的性問題有：無或低性慾、高性慾。

（二）興奮期

勃起與濕了的狀態，這時身體性反應的前後差別較大，像是呼吸和心跳逐漸加速、血壓升高，血液會流向性器官，讓陰莖、陰蒂勃起，陰道也會分泌潤滑液，大小陰唇會因興奮程度，而有不同充血腫脹的情形，而男性睪丸會升高與陰莖靠近，也會隨著興奮程度而更堅

挺，由於血液循環逐漸加速，這時候臉部皮膚可能會出現紅暈，就是所謂的臉紅心跳，另外女性的乳房還會充血、乳頭變硬，變得更加敏感，這時候若適度有技巧的撫觸或吸吮，就能使興奮度提升，進而發出愉悅的聲音。

> 此時期的性問題有：陰莖硬度不足、陰莖容易疲軟；陰道濕潤度不足。

（三）持續期

也稱平台期、高原期。經過沒有中斷的性興奮反應之後，會來到相對穩定且持續有性愉悅的階段，在這過程中，呼吸和心跳等還是維持在較高的頻率，而隨著性愉悅不斷增加，使快感提升，此時肢體、聲音、口語的相關反應，可能都會陸續出現，例如：舒服的表情、扭動的身體、令人酥麻的叫聲或是……具有dirty內容的話語（色色髒話／淫語）等，這些正是火山爆發──高潮期來臨的前兆。

> 此時期的性問題有：對陰道交、肛交的抽插（性愛無感）或自慰無感。

（四）高潮期

高潮反應產生心理與生理的極致感受，是絕多數人在性行為或性交中最想要的結果。美國性學家 Kinsey（金賽）說性高潮是當性反應到巔峰時，累積起來各種神經和肌肉的緊張。我則認為性高潮是性行為最後階段在生理和心理上，一種銷魂的體驗，帶來官能的高度性快感。性高潮是身體和大腦的共同感受，這個階段通常會被描述為一種性愉悅感受達到頂端的性反應。

此時期的性問題有：性高潮缺乏、過早／過晚／無法射精。

（五）消退期

也稱不應期。此時期，通常在男性身上的反應較為明顯，由於歷經性行為的肌肉緊繃與性愉悅的高峰，男性身體會開始放鬆，包含堅挺的陰莖會在高潮過後接著射精，之後陰莖逐漸恢復至疲軟狀態，這時可以想像射精是一種剎車的保護機制，以防止因為陰莖充血過久而造成組織損害，然後性慾也開始消退，進入人們常說的「聖

人模式」。而女性也會有消退期，不過就生理機制而言，女性的消退期較短，因此有些女人可以再一次或連續性高潮。

此時期的性問題有：射精後陰莖持續勃起沒有疲軟。

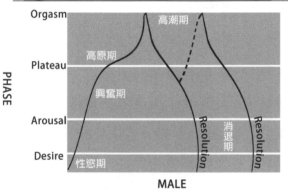

人類性反應週期-男性
Human Sexual Response Cycle : Male

(參考自 Masters & Johnson, 1966 ; Kaplan, 1979)

（圖1）

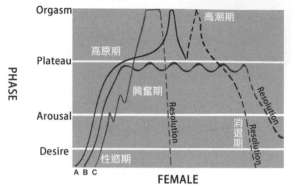

人類性反應週期-女性
Human Sexual Response Cycle : Female

(參考自 Masters & Johnson, 1966 ; Kaplan, 1979)

（圖2）

性反應週期圖說明：

　　從（圖1）男性性反應周期圖的實線部分看，自性慾期開始爬升，一直到高潮、消退之後，此時陰莖就會慢慢恢復到未勃起時的尺寸，性慾也會降低，形成坊間說的聖人模式，這期間一般男性對性刺激暫時沒有太大的反應，但有些性活動較頻繁的男性（包含情竇初開，性慾旺盛的青少年），他們消退期的時間很短再度興奮充血很快，便會如同圖一虛線的走勢，代表立馬又可以勃起one more time 耶！

　　再來看（圖2）女性的性反應週期，A線部分表示從性慾開始順利進行到高潮，然後並沒有往消退期走，而是只退回到持續舒服的高原期，若性刺激順利的話再次高

潮的時間很快就會來臨，並能出現多次性高潮；當然也有一些女性在性行為時比較不順利（C 線），容易受到干擾（分心）而使走勢上上下下，但若最後也能到達高潮，就會如同許多男性一樣只能做一次，高潮後就接著往消退期走，進入到所謂的聖女模式。

最後圖二 B 線的部分是許多女性會有的狀態，在性交時會感到愉悅，但無法高潮，而停留在興奮期階段，之後因疲累或分心，甚至是伴侶太快高潮（俗稱快槍俠）導致啪啪啪結束，進入消退期，其實這種狀況在 1976 年時期，美國著名性學專家 Hite 的研究，便有指出有近 70% 的女性，無法經由陰道性交獲得高潮，甚至有些女性終身沒有發生過，也不知什麼是性高潮。

以上我想藉由人類的性反應週期，先簡單帶給讀者一點基礎概念，並能理解許多性問題都是在這幾個階段出了狀況，當然引發性問題的原因，可能有生理、心理、社會、關係和行為面向等多種複雜的因素，之後的內容也會提及，並較為詳細的說明這些性反應期在不同階段，生理、心理運作的情形，可以幫助我們更清楚性問題的來源，也會減少因為不知道而引起的性焦慮喔。

小提醒：本段介紹性反應週期的表現，是從一般情況做的說明，個體之間還是有差異。

（二）性高潮的好處

根據 2004 年由 Meston, Levin, Sipski, Hull, Heiman 等博士研究《Women's Orgasm》中指出，性高潮時人腦的下丘腦室旁核、中腦導水管周圍灰質、海馬迴、小腦等等開始增加激活。而下丘腦室旁核在情緒調節和愉悅感上扮演重要角色，中腦導水管周圍灰質與情感處理和快感相關，海馬體在記憶形成和情感認知上扮演重要角色，而小腦在運動協調和感覺整合中，則發揮重要的作用。

上面那段好像說得很複雜，不用記！我簡述這個研究結果，性高潮為大腦帶來各區域的活化，能引起性快感、情緒愉悅、增進性行為所帶來的正向情感。而產生的多巴胺、催產素等激素，更使人產生開心以及為伴侶關係帶來親密感，另外性高潮時，人體也會分泌DHEA（俗稱賀爾蒙之母）抗壓、抗老的賀爾蒙，因此才有長期沒有性生活的人，看起來人老色衰，而有規律性活動的人呢，則會有春風滿面的說法呀。

性高潮通常是透過自慰或性交等的性行為所產生。在阮芳賦與林燕卿合著的《人類性學》一書中指出，美國的醫學院臨床教授 Dudley Chapman 博士表明，一些研究顯示性交可以促進多巴胺（dopamine）的分泌，它也與性慾的持續有關，而神經病學的 James Couch 博士則說：性交也具有一定的止痛效果，有助於緩解緊張性頭痛，Rutgers（羅格斯）大學護理學院副教授惠普爾博士表示：性行為可以促使身體產生天然止痛物質，關於運作的機制可能是性高潮時，釋放的大腦化學物質，具有嗎啡的止痛功能，進一步舒緩疼痛（阮芳賦、林燕卿，2003）。也就是說性高潮產生的多巴胺，會讓人更想做愛，用通俗的話來說，「多做愛，性就越好、性越好，就越愛做」，還能有類似嗎啡的作用，使人的疼痛感減輕，如此看來，性愛是個有「愛愛」就沒「痛痛」的優質活動。

　　男性在性高潮時，性器官會發生一連串自發的節律性收縮，使精液聚集並沿尿道噴出精液，整個過程是由相關部位的肌肉協調收縮（阮芳賦、林燕卿，2003）。高潮、射精過後，男性會感受到極大的性愉悅，很多男人在性問題上不僅關心勃起的硬度，也很在意射精的感覺和

性高潮的體驗。比如射太快、射不出來、沒感覺等，這些問題都能嚴重影響性生活質量，也會引起精神壓力、情緒和伴侶關係的問題喔。

而女性的性高潮是一種可變化、短暫而強烈愉悅到頂峰的感覺，伴隨著盆腔橫紋陰道周圍肌肉組織不自主、有節奏的收縮，還有子宮和肛門的收縮，通常會帶來幸福感和滿足感，女性的性高潮可以透過刺激生殖器和非生殖器的部位來誘發（Meston, Levin, Sipski, Hull& Heiman, 2004）。然而在我執業的經驗裡，一些女性學員常常在愛愛時缺少性高潮，也沒有自慰習慣，因此也不知道什麼是性高潮的爽感。

造物者給人們擁有感受性愉悅的能力，在這一點上，男性相較女性是比較容易達到的。女性學員經常會問我，什麼是性高潮？有些女性是這麼形容的：「這感覺有如乘坐雲霄飛車俯衝而下心癢癢的感覺」、「像是每條感官神經豎起等著高潮的來臨，就像衝浪者期待大浪即將襲擊」、「還有像搖晃香檳的軟木往上爆衝，觸動心的怦然……」、「血液竄流、全身酥麻無語，令人回味無窮」。以上的說法我都相信，但是我想每個高潮體驗也都是特別

的，當然，對沒有過性高潮的女性來說，這種形容會加強女人對性高潮的憧憬和期待。

　　男性相較女性，在愛愛時更容易有性高潮是不爭的事實，但原因呢？若從一般人覺得性器官的敏感度高，容易高潮的認知去看，明顯是不相符的，我們從維基百科參考的文獻得知，陰蒂擁有差不多 8000 條感覺神經末梢（陰莖少一些有 4000 條），但是相比其他部位神經數量，還是多出很多很多。那為何女性比較難有性高潮？其實我們很常忽略嘿咻的性高潮，除了生理條件之外，還有多種因素會干擾，尤其容易發生在女性身上，包括對性行為的態度是否開放？情緒是否放鬆？性慾、性刺激足夠嗎？對性經驗的感受和彼此關係有沒有處於穩定、信任和安全的狀態之中？這些原因對性高潮的出現至關重要。以上解釋了，為什麼某些女性在性高潮的發生會有困難或壓力，當然也不是單指女性而已，男性也可能會受到這些影響。

　　雖說性高潮帶來的極樂感，讓很多迷哥、迷弟、迷姐、迷妹趨之若鶩，甚至當成愛愛時唯一的終極目標，但也因為過強的目的性，自我框架，反而有阻礙的問

題，越想得到，越無法獲得的莫非定律魔咒就會出現。不過這些狀況都有跡可循，因為從性興奮到性高潮的階段，需要一個非常重要的條件，那就是專心，當有很強的目標思維在腦中時，會使我們無法專注在性感覺上，便中斷了性高潮需要累積的性愉悅，這樣幾次的經驗下來，就會產生愛愛前的焦慮，當要嘿咻時，腦子那些「過往不好的經驗」又會再次出現，高潮怎麼可能會出現呢！所以呀，高潮要在自然、自在、放鬆的情境下，才會見到它本人。

（三）百性「慾」為先

引發性慾的條件有很多，有時候是為了單純滿足生理上的慾望，就像吃喝睡一樣，是身體的基本需要，而戀人之間的做愛，就往往不只是解決生理需求而已，更多的是一種性與愛的親密結合，有些時候發生性關係，並不是因為有慾望，是為了維繫關係而做，剛開始沒慾望，但做著、做著可能就越舒服，那這種情況下，是否還能算是由「性慾」驅使呢？另外，對於某些從事色情相關行業的人來說，例如：性工作者、A片演員，性行

為就是他們的工作內容，那工作時，是否會像一般人先有性慾呢？其實，人們的行為都會帶有目的性，所以有時是因性慾而做愛，但也有可能先有了行為，慾望反而是後來的事，或是兩者之間並無相干喔。關於性慾，有幾點是很重要的，首先性慾越高，性愛時的反應也會比較好，再來，如果長時間性生活得不到滿足、性愛問題一直無法解決，最後的下場就是性慾越來越低，嚴重的話可能就會沒有性生活，或是連自慰都提不起勁來喔。

❖ 做愛做的是親密與性慾

做愛，做的是愛，沒有愛與親密感，應該稱生理性的性交比較OK，有許多學員經常會跟我說，做愛做完了心靈空虛，好像缺少了什麼？事實上「性」與親密關係一樣，都需要雙向付出，透過性溝通，告訴對方喜歡怎麼做，能讓自己會更舒服，如同在伴侶關係中告訴對方，想被關懷、被體貼、被欣賞、被了解，這樣會感到很安全一樣。不過有些人會認為，愛相較於性更重要，以至於漠視性感受、忽略性問題，雖然相愛，但性生活卻不滿足或是充滿阻礙，結果則是影響親密度，關係就會面臨很大的挑戰。因此，性與愛並重，能在性與親密

感、愛與性滿足之間有平衡作用。

做愛在性的驅動力就是性渴望，也就是對伴侶有生理、心理上的性慾，這對性滿足是個非常重要的條件，一般來說，當伴侶相愛時就會自然而然地，想要有性的結合，這種衝動、迫不及待的，要將彼此親密感和肉體激情融合在一起。倘若關係有疏離、無趣、防衛、不信任就會使人性慾不足或壓抑，因此當伴侶相處時，缺少了安心、安全的感受，性興奮、性愉悅也就無法正常運作。

❖ 不要做了個空虛

一些性問題的來源與性慾有關，要處理就必須關注性慾的狀況，而性問題的改善方法，例如：勃起硬度的練習、學會射精控制等，皆仰賴性慾作為開路先鋒，性慾不來，就像電門出了問題，車子就動不了！練習就會卡住。

我經常會處理伴侶之間的性慾不協調，通常是抱怨對方性慾有問題，但其實有時候是自己太高，所以顯得伴侶的性慾太低，反之也是如此。性慾沒有標準值，就看生理與心理的狀態而定，男女性慾引發的條件也有差

異，例如：男性容易受到視覺刺激，有人可以只憑一張泳裝照就起色心（尤其青少年對性充滿好奇，躍躍欲試的階段），不過女性可能無法只靠性感照片就有性慾，這是因為男性大腦透過視覺、聽覺、觸覺接收性刺激的媒介，來引起性慾，這是很直觀容易達成的條件。另外，睪酮素也是引發性慾的來源之一，加上男性的性探索——自慰頻率普遍多於女性，對性高潮的酥麻記憶也較多，因此更容易想到做色色的事。

然而，在做愛時，如果正逢較低的性慾時期，這種感覺會像是，有道無形的牆阻擋，好比隔靴搔癢，抓不到癢處，性愛就容易無感，此時若不想做愛，卻要配合伴侶，也是一件痛苦的差事啊！性慾不足不光影響硬度，也阻礙了後續的性行為，即使忽軟、忽硬勉強的做完，整個過程，只不過弄了個空虛和疲累呀！無論性慾受到什麼因素影響，以性慾為開始的性愛，是啟動性愉悅和前往性高潮樂園的門票，性慾也是解決性問題要關注的重點，沒有它將使性福生活難以恢復或創造。

❖ **濕了、硬了不等於想要**

記得有個研究，是讓受測女性看黑猩猩性交的畫面，受試者的陰道會有濕潤的性反應，但卻表示沒有性慾，這種非性慾引發的性興奮現象，也會發生在男性身上，好比夜間或清晨的勃起，就不是由性慾驅動。這裡有一個重要的概念跟讀者分享，有性興奮反應並不等於有性慾，想那個、那個，所以不要覺得伴侶有性反應，就想跟你來一下，當對方明確表達不想要的時候，也不要自己腦補，濕了、硬了就是想，嘴巴說不要，心裡就是要（閩南語：桴鬼假細膩：貪吃假裝客氣）！並沒有這回事喔，「尊重意願」是性愛的重要條件。

相較於讓男人硬了的條件，女性的性喚起就複雜許多，例如與：年齡、更年期、情境氛圍、情緒、經期，以及授乳時泌乳激素，或因傳統社會的認知，不鼓勵女性在性慾上主動，以符合父權社會的期待等等有關。但事實上，性慾不管是否受到疾病、藥物、老化、生理激素、情緒、感受與認知態度的影響，都還是有例外，不受限制與框架所封印。

儘管女性的性慾條件複雜，有時候卻也蠻簡單的，像是月經前的排卵期，體內雌激素與黃體素濃度增加，

因此性慾相對也會提升，而有經前徵候群、生活工作壓力大、性經驗和親密關係不佳等，性慾可能也漲不起來喔！另外，女性意外遭受到性侵時，可能會對於自己當時「濕了」感到難以理解、矛盾甚至自責，事實上，這是自我保護的機制，陰道受到強行侵入可能造成撕裂傷時，會自然分泌體液來潤滑保護陰道。

女性的性慾與性興奮（陰道濕潤）雖然息息相關，也並非等同，男性讀者也要理解，當她說不要就是不要，別再用陰道濕潤來辨識女性是否想要喔！再者，很多人會覺得老人沒有性慾，或是人老還有性慾是很丟臉的事，稱之為老不羞，事實上性慾在小孩和老年人，也都有不同的展現方式，例如：還沒發育的小孩知道摸生殖器會舒服，而有意、無意的撫觸，甚至在母體內的胎兒，也曾有過自慰現象的案例；此外老人家因為性機能退化，有性慾也會透過親吻、擁抱或撫摸達到紓解性慾，得到伴侶關愛的心理慰藉。

> 此刻無法性愛時，我想被呵護，想被深情的望著、親著和溫柔的撫觸及深深地擁抱！

（四）先有愛？先有性？哪個先好？

這是個古老且深奧的問題，有人說：沒愛，怎會有性？也有人說：性不好哪來的愛？其實這兩派都有擁護者，我得要好好回應，以免……

答案是：爭什麼？一起就好啦！小孩子才選擇……

這個議題在人們的親密關係和愛情世界裡，一直是引人深思的。雖然這不是傳說中，雞生蛋、蛋生雞的謎題，但確實不容易說清楚，因為牽涉性與愛的價值觀及認知，在這樣的性愛思維裡，應該會有兩極化的發展路徑。不過卻是不然，對於支持「沒愛怎麼會有性」這種觀點，我能明白愛與性是相關的，愛可以是性行為的先備條件，透過深層次的愛，所建立信任、安全的情感基礎，使「性」成為彼此身體親密的交流方式。真誠、尊重和信任的愛，則能為性關係帶來更多情感的投入，和性愉悅的滿足感。然而，「愛」是性行為的必要條件嗎？能否在缺乏深層的情感之下，享受性的愉悅呢？在這裡分享一個實務的經驗：

曾經有個男學員與女友交往二年後，發現做愛沒有什麼感覺，而且已經持續一年半，等於交往半年就對伴侶沒有感覺。我問他，跟伴侶關係好嗎？他說還不錯，他也覺得自己蠻愛對方，那這兩年你們見面都做什麼？他說，每周見一次面，會一起吃飯，然後打炮。我又問：兩人有沒有深層的親密互動，他問什麼是親密？打炮嗎？我說例如：彼此內心的交流，情緒分享、聊心事啊等等，他說，這些都沒有。 接著我讓他為親密關係打分數（滿分十分代表兩人很緊密、很信任、很認識彼此）。他給了 6 分！

男學員不太理解什麼是愛與親密，當自己打 6 分的親密分數時，伴侶難道會打 9 分 10 分？顯然不會……接著我問學員的女友一樣的問題，她也回答 6 分！從以上案例可以知道，伴侶的親密感不高。在剛交往時，「性」會帶來激情，但蜜月期一過，新鮮感下降，親密度沒有增加，可想而知「性」能帶來的愉悅感受，就會慢慢降低或消失。

我再舉一個例子：還是幫學員取個代號好了，（抱歉了老王）老王說他最近交到還蠻喜歡的女朋友，不過很

奇怪在做那檔事時，卻硬不起來，老王說自己在「性海」打滾多年，一直不談情感，以瀟灑自居，多年來只有砲友（床伴啦，～優雅一點嘛），沒有談過真正的愛情。我問是什麼原因不想談感情？他說在多年前曾經被前女友狠狠傷了心，自此，他就不再相信愛情。我再問，你認為什麼是愛情呢？老王瞪大眼睛，抓抓頭，然後瞇著眼睛，笑著說，我不知道怎麼說欸。

　　這兩個例子告訴我們，只有性的互動，時間久了容易性無感，不明白的人只能一直換人，也會在性愛中常常感到事後空虛，所以性沒有愛，要一直有感覺是不容易的。

　　而對沒有先試車（性合不合），性不好，就不會愛的看法，則強調了「性」的好，是建立及維繫情感的必要條件。其實先有「性」，有助於了解彼此在性上面的需求與喜好，這部分若滿足或合得來，能減少因性而爭執，或心生不快的機率，便可以有心思促進關係緊密的發展，是愛的增溫劑。也就是說，先透過「性」的接觸，有了愉悅的感受，可以更快的拉近雙方的距離，也能夠在感情上取得共鳴。不過現實狀況往往更為複雜，

愛與性並不是單純數字順序 123 的發展，而是交互循環的影響。

　　愛、性的價值觀常受家庭背景影響，例如父母的言談和教育方式，較傳統的媽媽可能希望「性」需要建立在情感基礎上，保守爸爸呢更在意應該在婚姻中才能有性。而開放的老爸、老媽，則認為性不好很難維持婚姻，多談幾次戀愛，多試幾個人比較好。

　　所以孩子長大後，有些人可能非常重視性的感覺，不輕易在未確定對方的性能力、性技巧與自己是否合拍之前，投入關係，因為他們可能會認為情感一旦建立，分手將變得複雜，但是這種觀點可能導致情感與性之間的衝突。再來，社會因素也會在性觀念中扮演角色，宗教信仰可以制定規範，例如禁止婚前性行為，這些規範可能與個人的性慾和意願相抵觸。而自我限制的觀念一旦形成遵守教規，就可能會在婚後因為對性的認識不足，產生伴侶的性問題。這些問題包括女性無法進行陰道性交，男性無法在陰道內高潮、射精，以及缺乏性技巧而無法體驗性愛的滿足等等。

要如何在自己的價值觀、尊重宗教和文化，以及可能產生的性問題之間，取得平衡或解決方法，值得我們深思。愛與性在我們生命中扮演很重要的角色，它讓我們在親密關係上的發展，有了很特別的情感體驗，無論愛和性哪個優先比較好？關鍵在於我們如何理解、選擇及決定。

（五）穩固愛情的三元素——親密、激情與承諾

伴侶的愛是由情感累積親密開始，當然也有人從床上開始，別忘了還有一種復古風——指腹為婚，它是由承諾開始，不管從哪裡開始，最終都要朝發展愛情的方向努力，這是多數對喜歡之人，嚮往的情感關係。

我在進行性問題評量時，也一定會問到彼此的親密互動是如何，因為關係不佳就會減少性的激情而出現問題，就像沒有生活情趣可言的老夫、老妻一般，那這時候可能禁不起一個小鮮肉、小姐姐介入呀。

說到愛情與性福的關聯，可以從美國知名的心理學家 Sternberg（譯 史登伯格）所提出的「親密、激情、承諾」

三因論來看。這三個組合在一起非常有趣，它們可以幫助我們理解不同關係類型，並讓我在協助伴侶性問題的過程中，了解他們目前的關係屬性，以便處理失衡的區塊。以下介紹各種元素配對後，愛情的關係種類：

◆ 只有親密：沒有性激情，沒有承諾，就像很好的知己關係，這是喜歡之愛。

◆ 只有激情：沒有親密感，沒有承諾，只有上床，感覺不到彼此的緊密情感，隨時可能會中止的關係，這是迷戀之愛。

◆ 只有承諾：很像古代童養媳，或非以親密和性為主的關係。例如：企業聯姻（韓劇偶像劇有沒有），這是空洞之愛。

◆ 親密＋激情：雙方有親密感，性生活也很協調，但沒有承諾，可能會為了一些自己的重大決定而結束關係，但過程的浪漫感令人印象深刻，屬於浪漫之愛。

◆ 激情＋承諾：這個組合比較容易出現於情慾移動的人，因為在原本的伴侶或婚姻關係中性生活不協調，又不想離開原來的關係，而選擇情慾流動的行

為，又礙於與原配關係的限制，以及親密感需要時間經營的情況下，只能承諾維持性關係和相對應的付出，一般來說是金錢。這種關係時間久了仍然有可能產生親密感，不過兩人在沒時間或沒意願經營親密關係之前，屬於虛幻之愛。

◆ 承諾＋親密：沒有激情的性生活，這是許多中老年伴侶關係的狀態，例如老夫老妻，屬於友伴之愛。

◆ 擁有親密、激情、承諾：偶像劇裡承諾永恆的浪漫愛情關係，屬於完美之愛。

◆ 沒有親密、激情、承諾：什麼關係 都沒關係 無愛啦。

（圖 3）愛情三元素

從以上的介紹，我們可以很清楚知道與伴侶關係，

目前正處於什麼狀況，其實親密、激情與承諾是保護伴侶幸福的三劍客，可以披荊斬掉很多愛情的阻礙，與伴侶要有較深的連結，可以從親密開始經營，互相關懷生活、分享與支持內心情緒和共同規劃未來之事，創造充滿安全感、粉紅泡泡的穩定愛情。

> **殘害愛情和親密關係的三賤客：便是疏離、性無感與放任。**

　　情感的建立，有時起源於啪啪啪的激情，有人會認為從這樣開始不是愛，但話說回來，談戀愛也是一種重大投資耶，就像買車一樣，總是要試車嘛，沒有試就買風險極大，若買到一輛性能有異的車，那豈不是開的很痛苦！不過也有人，天生適應力強，這類人我就經常在性諮詢時碰到。

　　不管從聊聊天、約約會、散散步、看看電影、牽牽小手、親親小嘴、摟摟小腰、摸摸大腿開始，還是直接彎道超車切入，在激情之後，還是需要經營關係，維持或加溫愛情。承諾則是情感延長的重要條件，它就像買車原廠保固的證明一樣令人安心，也象徵「我們是一起的」，

路上不管風雨怎樣，都要同行的決心。

　　可是，我們也需要明白，關係可能會變化，如果親密、激情、承諾的其中一個元素失衡，就可能導致有親密關係、性生活和安全感議題的困擾。所以無論我們身處哪個階段，了解愛情與關係的本質和有心經營，才是建立穩定關係的重要之事。

　　愛是性的靈魂，性是愛的熱情，親密是情感的深度，承諾是關係的支柱。

二、性問題有哪些？

　　什麼是「性問題」？與生理層面引起的性功能障礙不盡相同，是一種受到認知、情緒、不當的性體驗、親密關係不佳、性行為習慣、性技巧缺乏以及性刺激過度，而使性愛過程受阻、感受不好或性不能滿足等，所引起廣泛型的性問題，例如：低性慾問題、勃起問題、射精控制問題、性交疼痛／阻礙問題、性高潮缺乏問題、性愛無感問題等，而這些性問題經常影響當事人的親密關係及「性」心的低落，使生活質量變差。以下將說明各種性問題的原因及如何辨識。

（一）低性慾問題

　　哎呀，第一個就介紹蠻棘手的性問題類型。俗稱「性冷感」。這是性喚起時出了問題，通常是形容女性，但有越來越多實務跡象顯示，男性低性慾的狀況也日益增

多。影響性慾有許多因素，若排除生理（賀爾蒙變化、疾病）需要醫療的協助之外，增加性刺激元素就能改善問題。讀者們是否常聽說，沒性慾是「因為人不對，換人就好」，就是指與伴侶關係不佳、性感受不佳，如此會造成對對方沒慾望的喔，不過還是有其他原因啦。

另外還有一種狀況，不只低或沒有性慾，而且還會厭惡做愛，請注意：是厭惡喔，意思是心理對「性」極度討厭和排斥的反應，此性問題的處理也就更具有挑戰性。

1. 影響原因有

◈　生理因素：進入更年期或老化，疾病、身心症疾病或其藥物之副作用。

◈　認知及心理因素：傳統保守的性態度（包含不知道也不懂性生活情趣）、長期性壓抑或禁慾、宗教禁令、不佳的性經驗或性感受、生活上的壓力、負向情緒、親密關係緊張／疏離。

2. 如何辨識性慾有問題？

性慾有個別差異，先排除伴侶性慾太高，而顯得自己性慾較低的情況。以下是協助讀者辨別性慾是否有問題。

對於過去能引起性慾的媒介，如寫真或成人限制級內容的書籍、雜誌、圖片、影音等，皆無法感到興趣，另外對性幻想、自慰、性行為等任一活動，性慾望也明顯不足，或與往常比較有落差，甚至已經影響生活秩序或感到困擾、痛苦及人際／親密關係的阻礙。

注意：「明顯不足」這裡是指，跟自己比較，例如：跟 3-6 個月前相比。

（二）男性性興奮反應問題

俗稱「陽痿」。這是許多男性最擔心的沒有之一，指陰莖在性興奮過程出了狀況，影響充血造成勃起慢或硬度不佳的性問題。而這個問題也是坊間偏方最愛用的議題，吃的、擦的、用的，可見市場需求之大。

1. 影響原因有

◆ 生理因素：有糖尿病、高血壓、心血管疾病、精神方面疾病（如憂鬱症）或曾動過骨盆腔內器官（攝護腺、直腸、膀胱、尿道）的手術和內分泌（男性賀爾蒙分泌太少）等，都可能會影響硬度的表現。

◆ 藥物因素：服用降血壓、心絞痛、抗憂鬱、鎮定、胃藥或安眠藥物等。

◆ 心理因素：有情緒經常低落、焦慮、壓力或對性有壓抑、創傷、不愉快經驗。

◆ 生活習慣：過量菸酒、睡眠不足、飲食過量（肥胖）、過少運動、太少性交或有不良的自慰習慣等。

2. 如何辨識性興奮有問題？

✓ 第一招：看看自己升旗（夜間／晨間勃起）的機率，若比之前少很多就可能要小心。有些男性睡眠狀態極好，常不清楚隔壁陳伯伯怎樣（晨勃），若伴侶關係還算好，可以請對方Morning Call「手動」觀察。

✓ 第二招：性興奮時，陰莖硬度比以前軟很多，而10

次勃起有 7 次以上都是如此。

✓ 第三招：陰莖不夠硬或無法勃起的狀況，已經超過 3 個月以上。

✓ 第四招：自己與伴侶對勃起的硬度狀況都不滿意。

以上這些狀況明顯影響生活秩序或感到困擾、痛苦以及人際／親密關係的阻礙。

（三）男性性高潮控制問題

分為「過早射精」（俗稱快槍俠）和「無法在陰道內射精」（人稱弄死人不償命的金槍不倒）。

1. 過早射精

在性交或自慰過程，性高潮感覺來的很快，會在不想射精的情況下，控制不了而射精。

（1）影響原因有

◆ 生理因素：由疾病引起，如慢性前列腺炎。還有包皮過長或龜頭太敏感、血清素過低、射精反射過度興

奮、控制射精能力較弱等。

◆ 心理因素：對性愛時過度焦慮、過度性興奮。

◆ 行為因素：過去在兒時或青少年階段，很常在以下空間自慰，例如：浴室、廁所、客廳或多人同住的房間裡，且會伴隨有時間限制造成的壓力，以及擔心被他人發現的緊張和焦慮感等。

2. 無法在陰道內射精

性交時通常硬度OK，但沒有感到性愉悅的累積，因此極少或無法射精在陰道內，抽插一段時間後，會因自己體力不支或性刺激大幅下降，使陰莖疲軟，或是伴侶的抱怨而結束啪啪啪。這類性問題絕大多數，自慰是可以射精，而面對這種情況，伴侶則會產生挫敗感、沒自信，覺得自己沒有性吸引力，甚至會懷疑伴侶是否偷偷射給別人，沒存量了射不出來，後續的親密關係就會疏離或更緊張，當然也會影響有計劃的生育。

（1）影響原因有

◆ 生理因素：由疾病引起如：多重性硬化症、脊隨損

傷、曾骨盆腔手術、泌尿道感染、攝護腺炎，甚至抗憂鬱劑等。

◈ 心理因素：擔心懷孕、性感覺不集中、性刺激不足等。

◈ 行為因素：過度自慰、非典型自慰方式。

（2）如何辨識男性性高潮期有問題？

✓ 還不想射精，卻控制不了而射了，而性交 10 次有 7 次以上都是如此。

✓ 想射精，卻射不出來，而性交 10 次有 7 次以上都是如此。

✓ 以上這些狀況明顯影響生活秩序或感到困擾、痛苦以及人際／親密關係的阻礙。

（四）女性性高潮問題

主要是「無法陰道性高潮」，通常這類女性可以透過自慰陰蒂高潮，但於性交時，則無法有陰道的高潮。

1. 影響原因有

◆ 生理因素：當然會受到老化而影響、性興奮、性刺激不足、常態性私密處發炎、疾病、性交疼痛或缺乏性慾。

◆ 認知因素：過於保守的性態度。

◆ 心理因素：性壓抑、過往負向性經驗／性創傷、親密關係緊張／疏離。

◆ 行為因素：缺乏性敏感帶的探索，或是自慰過度仰賴陰蒂高潮等。

2. 如何辨識女性性高潮期有問題？

　　一些女性對於性高潮的需求，會受到親密關係與性愛觀的影響，例如：與伴侶的相處和親密感是好的，那伴侶有性滿足就好，自己沒有也無所謂，只要相愛，愛的感覺比性高潮重要等等，這些性愛態度會使女性忽略性高潮的重要性，因此對於性交沒有性高潮的狀況，不會影響生活秩序或感到困擾、痛苦，或是人際／親密關係的阻礙，那麼做愛時，沒有性高潮也不算是問題喔！反之，有困擾就要處理。

（五）性交阻礙問題

分為「性交疼痛」和「陰道痙攣」，這兩者很像，但還是可以簡單的分辨出。

1. 性交疼痛

能成功陰道性交，在做愛時，從開始進入到結束，會感到陰道口、陰道內不適或有疼痛感。

（1）影響原因有

◆ 生理因素：外陰道、膀胱、骨盆腔發炎或女性荷爾蒙素不足造成陰道萎縮、潤滑不足等。

◆ 心理因素：負向情緒、親密關係緊張、疏離，過往不佳的性經驗、陰道痙攣或陰道乾燥。

◆ 社會因素：性觀念、性態度保守、缺乏性知識，對性／性行為的不正確理解與恐懼。

◆ 行為因素：前戲不足、性慾低下配合的房事。

2. 陰道痙攣

無法成功進行陰道性交，在嘗試性愛時，龜頭只能

抵在陰道口，或常有錯覺以為進入，但事實上算是硬擠，使龜頭進入陰道內大約一指節的深度，但女性這時通常已經疼痛到受不了，因此對房事會產生焦慮和恐懼感，另外，陰道痙攣會導致女性低自尊、對性生活恐懼、影響親密關係與生育等。

（1）影響原因有

◆ 生理因素：子宮頸炎或分娩時的創傷，對自己身體（性器官）不熟悉。

◆ 心理因素：過往負向／性經驗或性創傷，不正確性知識。

◆ 認知因素：對性行為的不正確理解，保守的性觀念、性態度。

（2）如何辨識女性性交阻礙的問題？

對於性交有疼痛感，甚至陰莖無法進入陰道，進行時心理感受出現緊張、焦慮、恐懼，想逃避，且已經影響到性慾、性愉悅、生育、親密關係和諧以及生活秩序，並感到困擾、痛苦。

（六）性愛無感問題

　　通常是之前有嘿咻的愉悅，但之後卻說沒感覺，此類性問題常是性慾和性興奮運作出了狀況，做愛無感在當下，一般還是會有性反應的，能硬、能濕、能射，只是在性愛時女性不能高潮，而男性能高潮、射精，射後卻無感，典型的說法是：做完空虛、抱怨沒有新鮮感，至於女性對做愛無感的反應，則會是性慾低落，沒有做愛的意願。

1. 影響原因有

◈　生理因素：對伴侶或對象的性慾減少。

◈　心理因素：負向情緒、性愛過程無法放鬆與專注，大腦認定對方無法讓自己性興奮。

◈　關係因素：親密關係不佳、安全感、信任感不足。

◈　社會因素：工作忙碌造成生活壓力大、體力、精神不足，或其他事務影響。

◈　行為因素：伴侶無法給到足夠的性刺激。

2. 如何辨識有性愛無感的問題？

在性行為抽插時缺乏生理上的性愉悅，與心理的性滿足，並且對性交需求和過程明顯感到動力不足和無趣，具體表現行為是逃避性生活，但有些人還是能自慰，或以其他方式的性行為，甚至與其他對象性交時，獲得性愉悅與高潮。

小提醒：一些在性議題上的俗稱，會讓人感到是一種貶抑的形容，例如：性冷感、陽痿、快槍俠、露鳥俠等，建議以性問題名稱代替俗稱，因為人從出生之後到老、到死前，許多問題會產生，而且問題不會中斷，回到處理問題的本質上，我們遇到問題通常怎麼辦？就是面對和處理問題呀，所以從解決問題取向去看待，能減少因為這種負面標籤，產生心理負擔和焦慮，進而逃避問題，危及身心健康以及人際與親密關係。

（七）其他性議題

❖ 性成癮

性成癮極具討論性，有許多女性常常對其男友或丈夫的性需求感到困擾，認為他們是性成癮需要接受治療。其實看一個人性行為的頻率高，就歸類為性成癮，並不是那麼適合。況且「性成癮」這個詞本身就存在爭議，因為每個人的性慾差異極大，難以界定什麼是過度的性慾望，以及何時該被稱為性成癮，舉例來說，男友一天一次的性需求讓人受不了，但遇到性愛頻率相同的人，就剛好而已，甚至有時候還被床上追殺咧（一山還有一山高，無法滿足伴侶）。多年前我曾經收到一則簡訊詢問，內容大致是這樣：我的妻子患有中度憂鬱症和躁鬱症，她的性慾很強，甚至會去找其他人發生關係。我因為她的疾病而原諒了她。我想問一下，她是否可能患有性成癮症？

美國精神病學協會在 2010 年時曾提出過「性成癮症」的初步診斷標準（只是草案）。當中提到，僅限於 18 歲以上的成年人方能被診斷為性成癮。以下為症狀的診斷

標準：

至少 6 個月的時間內經歷以下五點，反覆發生的性幻想、性慾和性行為。

一、花費的時間過長。

二、對消極情緒作出性反應且重複執行。

三、面對生活緊張事件，作出性反應且重複執行。

四、重複想控制或減少執行性反應，但都不成功。

五、持續執行時，忽略對自己或他人身體及情感上的風險。

即便有以上這樣的標準，我們仍然需要謹慎對待，因為性慾的表現會受到諸多因素的影響，例如：性態度、性價值觀、社會文化、心理狀態、生活情況，甚至毒品、躁鬱症等，這些情況會造成診斷的困難，不同人群之間差異也極大，因此在《精神疾病診斷準則手冊》第五版（DSM-5），並無性成癮症，而是列在非特定性功能障礙中的診斷類別。

按照以上資訊，簡訊裡提到妻子過高的性慾和頻繁

的性行為，可能是因為身心疾病而引起的代償活動，就跟有壓力利用自慰來舒壓一樣，相反的，我也曾有學員因為憂鬱症的影響，性慾低到不行的案例，而且DSM-5已經說明並無性成癮症，所以那位民眾妻子的情況，還是需要綜合考慮各種因素，才能確定性問題的類別。不過，有個疾病與性成癮現象倒是很相近——性慾亢進（Hypersexuality）這較為罕見。指的是個體對性慾的強烈、過度渴望，通常呈現出頻繁的性興奮、急切的性行為，甚至長時間的性交等症狀（黃一勝，2016）。我們可能常會聽到周遭人們，對過度、頻繁的性行為視為性放縱，甚至以「一夜七次郎」等詞語來讚揚男性的性能力，當然也有負面的形容，好比變態色情狂。

然而，社會傳統文化對性的態度通常較為保守，導致許多人不願公開討論自己的性狀況或尋求幫助，這樣的文化背景也可能影響我們對該現象的認知，使得相關資訊的蒐集變得困難。國外的一些醫學研究顯示，性慾亢進的盛行率約在 3%-6% 之間（Wéry, Schimmenti, Karila, & Billieux, 2019）。儘管這個比例並不低，我們也必須注意到，這些數據可能受到研究樣本的限制和文化背景的

影響。

　　此外，國外研究還指出，大腦額葉或間腦受損後可能導致性慾亢進和性偏好改變的情況（Miller, Cummings, McIntyre, Ebers, & Grode, 1986）。這些都顯示造成性慾亢進的因素可能很多樣化，包括腦部損傷、負面情緒、過度亢奮狀態、藥物濫用，甚至是童年經歷等。總之，性成癮是一個複雜多元的議題，對性的看法和反應，會因生理、心理狀態及文化、環境等背景而有不同，所以不要再隨便認為枕邊人是變態色情狂了喔。

> 要如何辨識自己或枕邊人，是否為屬於「性慾亢進」或僅是性慾強呢？

　　上面提到性慾可能會因為生理狀態改變，或疾病而產生變化，例如：血液激素數值飆高、內分泌／精神疾病等（黃一勝，2016），而導致性慾突然的增加。假如我們僅用簡單的條件去觀察，像是對做愛次數的不滿足感，可能就會認為自己或伴侶，有過度旺盛的性慾，而覺得是「性慾亢進」，這樣主觀的判斷是相當偏限的（黃一勝，

2016）。

　　生活中的壓力事件也可能會影響個人性慾，好比中年
的丈夫在失業後，以增加性活動，去維護他們的自尊心
和性自信，這時太太會覺得先生變了個人似的，當然若
感情不賴，性福彌補一下是好事，假如感情不好的話，
伴侶就慘了，所以想了解伴侶是否有高性慾問題時，知
道這些資訊就很重要。由於性慾亢進屬於精神衛生的醫學
範疇，亦需要進行一系列的生理檢查，本章節就不再進
行討論，將聚焦在過高性慾問題。

　　我有一位男性學員阿強（化名），很年輕，主述有
「無法克制不自慰」，要求完美和容易焦慮的問題，這些
狀況已經發生四年，當時正處於重考大學的階段，在這
樣的壓力下，他可以一個晚上自慰射精三次，而阿強的
表達會慣性否定自己，就是前面說完話，後面接著推翻
剛才所言，「我覺得……嗯其實也不是這樣說……應該
說……」，常常一句話翻好幾次，對自己沒有自信。

　　他平時有壓力就看A片（一小時起跳）自慰舒壓，
經常打手槍射完後，覺得自己全身沒電！確實，他來找

我協助時，黑眼圈蠻嚴重的，他說曾經克制不要自慰，但僅僅忍了一天，隔天就又打了 3-4 次，而且壓抑性慾的過程還非常不舒服，就是同時腦子想著性，又克制著性，我說這樣矛盾狀態，頭殼不冒煙才怪，阿強聽完苦笑著……

接著對阿強的生活深入瞭解後發現，他國中時沒有那些問題，高中二年級才開始，也記得國中是有一些興趣的，而現在卻對很多事都提不起勁（自慰除外）。阿強對事情的執著程度也很高，經常有自我負向歸因及標籤的行為，例如：父母親爭執、花很多錢在他身上、兩人也常為錢吵架，都是因為他書念不好，考不上好學校。另外對生活瑣事的要求，也幾乎是雞蛋裡挑骨頭的等級……（以下略）

針對以上案例，幾個問題點：

一、生活中除了自慰以外，缺乏其他緩解壓力的途徑。

二、自我要求高，遇事總覺得問題是自己造成。

三、對自己沒有信心，無力主動積極面對問題。

四、管理性慾的能力較弱，而且經常控制無效。

五、有壓力時用自慰來發洩，已養成固定的習慣。

六、自慰次數太多，弄得身體很累，但無法停下來。

七、試著停止自慰但很難成功，心理上就很矛盾和痛苦。

雖然就實務經驗來看，高性慾的問題發生率，會比低性慾問題來得少，這邊還是提供幾個高性慾的辨識條件，幫助自己或請伴侶評估是否有此性問題。

一、個人性慾與前 3-6 個月相比，想要進行性活動（自慰或性交）的比例大幅度增加（一倍以上）。

二、花在性活動（自慰或性交）的時間長，每次間隔時間短，例如一次一小時以上、一天數次。

三、無法性活動時，會顯得焦慮不安（嚴重影響工作、學業或睡眠），但自慰或性交後就會改善。

若有上述三項狀況，出現的機率有 70% 以上，並且持續（或超過）6 個月。可能就有高性慾的問題。註：辨識條件為，非伴侶認定，而是與個人之前的性慾對比。

至於改善性慾過高的方法，這裡聚焦在壓力性慾類型，說明如下：如果發現自己好長一段時間（例如3-6個月）都很容易因為生活壓力，而產生性慾，且必須在性活動之後，情緒才會平靜下來，工作或睡眠也比較好，那就需要特別注意一下，因為這種互為因果的關係，當壓力出現之後，性活動釋放大腦的幸福激素（多巴胺、催產素），令人感到輕鬆、舒坦甚至痛苦消失，性活動雖然帶來快感，但可能只是暫時的，其實問題的根源沒有解決。若你正處於事業、工作、人際、經濟上的壓力環境，此依賴性活動來逃避的方式，是造成高性慾的關鍵要素，長期下去不僅不健康，還會變成慣性的負循環。

　　遇到這種情況，可以找出壓力源頭在哪，然後從根本去思考或處理這些問題源，才能擺脫負向的模式，另外，培養興趣、積極參與休閒活動、有氧運動（也有助於大腦釋放多巴胺激素），來轉移對用性活動舒壓的依賴，以上是屬於正向面對壓力和生活的適當方法。

　　某些人很愛把自己或他人標籤為病症，這習慣並不合適（但罵人除外，都有負面情緒了，也難免啦）。性成癮問題的評估，需要更加謹慎的考慮個人差異和其他相關因

素，不能僅憑性需求的程度去判斷性成癮。理解自己或伴侶性慾的來龍去脈，比認定性成癮來得重要，在討論時，應該保持開放的心態，避免過度貶低或誤解他人的性需求和行為，無論是因為性愛頻率的多寡，導致生活品質受損，還是性慾不均衡而產生不滿足，這些危害性福的情況都很值得關注，改善的關鍵則要重新思考健康生活的方式，以及彼此順暢的溝通，勇於面對問題，適時尋求協助去解決問題，就能再次塑造性福的生活。

❖ **性癖好**

人們天生就會被自己喜歡的東西所吸引，尤其是在性方面。性高潮的時候大腦釋放的物質讓人感到幸福、滿足，甚至可能會依賴，每個人對性的癖好也有所不同，當受到性的驅動加上各自喜歡的元素、方式，就會產生很多有趣精彩的故事情節，然而許多國家的法律、文化風俗與民情各有差異，因此某些性喜好可能就是一個難以見光的困擾，甚至是侵權、犯法的喜好。

曾有一次的演講，台下聽眾問我問題，他說在網路上看到一則新聞，有位男性民眾在性愛時要求女友學羊

咩咩叫，讓自己能更 High，這是不是戀獸癖，會不會性
侵豬啊、狗的？我笑著回答不至於啦！戀獸行為不是單
純以聽獸聲去辨別。其實，在我的工作中，經常聽到學
員們各式各樣的性喜好，比如：女生陰道塞入跳蛋，然
後與男友一起逛街享受性的刺激；也有自慰時故意留著門
縫，讓外人不經意看到，藉此引發更強烈的性快感等。
提到「性喜好」那與「性癖好」又有什麼不同？一般人
將性喜好、性愛好，形容成性癖好，但用了「癖」這個
字，意味著不是讓大眾廣泛接受的，所以性癖好，還蠻
容易受到污名或標籤，最常背的黑鍋名稱就是「變態色
情狂」。

　　回到有動保法疑慮的問題上（戀獸癖），我先來定義
一下，區分性喜好和性偏好，許多人將性方面的喜好，
稱為性偏好，是指個人在性上面特別喜歡的部份，但這
與 DSM-5 美國精神疾病診斷與統計手冊中需要治療的
「性偏好症」不是相同的概念。區別在於性偏好症，是對
非自然的輔助用品，或特殊的「性吸引物」產生性慾，
且這種性吸引對自己和他人的生活秩序，造成了至少六個
月的明顯障礙，此症需要由精神科醫師診斷。

而一般的性癖、偏好、愛這味、咩咩叫、鏘鏘叫（我聽過要女友頭戴鍋蓋，並藉由敲打聲音引起性興奮的案例）等等，這一些角色扮演或是性興奮方式，只要不影響自己和他人的生活秩序、權益或造成困擾，我們可以使用更正面的詞彙「性喜好」來形容。

說到頭戴鍋蓋鏘鏘叫，能讓人嗨，記得我曾有一個案例，是個 20 出頭歲的年輕人，他向我說，他的性興奮需要聞別人安全帽和鞋子的味道，或是最好能戴上感受一下，然後趁著這股記憶引起的性慾回家自慰，如果旁邊沒人時，有這個機會卻沒有去聞，心會很癢，他覺得自己有病，但是無法克制不去做這些事，又很擔心萬一被發現了，會無地自容。像這種性心理狀態，若演變到偷竊事件，就會造成他人的困擾，或帶來觸法的可能，對生活的影響就很大了，以上案例行為，可能是一種戀物症的徵兆。

談及戀物，應該是普羅大眾都有的性喜好。舉凡內衣、內褲、頭髮、胸部、臀部等，這些部位相信讀者都不陌生，但放心「戀物」和「戀物症」（對無生命物件、非生殖器身體部位）兩者差別在於，首先要有強烈且重複

（沒有靠這些不行），其次，要引起明顯的苦惱，也影響人際和工作及重要的領域，最後，持續至少六個月，註：性器官觸覺刺激專用的設備（如：振動器）不算於此評估（徐翊健等人，2022）。

如果你沒有符合以上條件，只能說是太依賴特定物件或部位去引起興奮，雖然可能不算戀物症，但容易引起性愛無感，或是特定狀況下性高潮缺乏，例如與女性伴侶做愛時，無法於陰道內射精，甚至勃起困難、硬度不佳和性致缺缺等性問題，這些性困擾經常會影響伴侶的親密關係，和性生活滿意度，不可輕忽。

多年前，我有一位年輕的男學員（阿慶，化名），對他的性問題至今我仍然印象深刻，他性態度蠻正向，無身心疾病且情緒平穩，主述有性愛無感、硬度不佳的狀況，與女友交往多年，卻從未成功做愛，勃起時間最常維持 10 幾秒就會疲軟，接下來阿慶說的內容，使我不禁對人類性喜好的多元，讚嘆不已。

阿慶說他的自慰頻率沒有什麼特殊之處，就像性活躍的年輕男人，看忙碌狀況，大約 1-3 天一次，不過說到性癖卻很特別，他先明確表示自己為異性戀，對男男做

愛沒有興趣，不過在與女友的性愛，會讓他進入到浪漫模式，這時候會很放鬆，甚至想睡覺。我問：一開始有性行為便是如此？我的意思是，從首任女友開始嗎？阿慶點頭說女友是第一任。

接著問阿慶，看 A 片的類型是什麼？我通常會視內容情節，搜集到性癖好的重要資訊，阿慶說對於角色變化鮮明的劇情會很興奮，就是那種一覺醒來，靈魂換到妹妹身上，妹妹換到哥哥身上，然後各自跟原本的伴侶性愛，對方也會感覺很不一樣，很新鮮、刺激。

在排除阿慶不是幻想當女生，沒有異裝癖疑慮之後，我接著說，所以能讓你性興奮的劇情是性轉，性別角色轉換的？阿慶：「是的，就是靈魂互換、性別互換、附身、變身，不是角色扮演或易容喔！還有我對一些動漫和童話角色的想像，也有特別興奮的感覺，不一定要有色情內容，像那種海賊王角色的 A 片肉搏戰太多、太直接，我就無感……」（以下略）。自此，我大概理解阿慶的性問題來源了，不過我還要對他的性行為習慣，如從做愛、自慰的方式和感受方面多做了解，這有助於我聚焦的處理。

另外一個案例，小東（化名）是個不到 30 歲的小伙子，會來找我是因為他跟女朋友做愛的時候，總是無法在陰道裡面射精，這個問題已經困擾他許多年，也導致對女友性慾越來越低。除了他自己無法在做愛時達到頂峰，連女朋友也覺得自己沒有足夠的性吸引力，所以小東才射不出來，為此事不愉快已經很多次，甚至有想過要分手。

　　第一次小東來上課時，他有稍微提到自己有暴露生殖器的喜好，並說曾看過心理師，但小東似乎不願多談這方面，他希望我能處理無法內射的問題就好，因此在課程進行期間，我沒有繼續探討這個行為，只是先幫他處理了長期的性困擾。當課程結束幾個月之後，小東再次聯繫我，說是因暴露生殖器而被逮捕，也被法院判要強制就醫，現在正在治療中，不過小東覺得目前幫助他的專業人士，無法讓他根除想暴露的念頭，他很擔心自己會再次發生同樣的行為，所以希望我能協助他。

　　深入了解，小東就讀高中期間，會趁午休時在教室自慰，有一次突然發現擔心被人看到的這個情緒和過程，讓他感到很刺激，念大學後，他開始喜歡在戶外暴

露陰部，並享受被人無意間撞見，而引起的性興奮，隨著念頭與行為越來越頻繁和難以控制，一度讓他很焦慮，不過這一切都無法停止他想給別人看陰莖的慾望，也越來越大膽，會利用各種方式讓自己的鳥，進到女生的視線範圍裡，就這樣過了幾年，直到警察上門，告知他觸犯了法律。

暴露陰部，俗稱露鳥俠，是經常被稱變態的行為，許多電視、電影的劇情都有著男性裸體穿風衣，看到女生就打開衣服、露出鳥鳥，然後出現女生驚慌失措、失聲尖叫、落荒而逃的畫面，這就是大眾對露鳥俠典型的印象。在醫學上，由DSM-5 美國精神疾病診斷與統計手冊中，記載得知，這屬於性偏好症裡的暴露症，性吸引的對象為「對沒有意願看的陌生人，暴露自己的性器官，以此引發自己的性興奮和滿足性慾望」。《變態心理學》三版一書中寫到「暴露症通常開始於青少年，且很少會跟陌生人真正的接觸，也會在暴露時自慰」。

在多數的案例中，當事人喜歡看對方驚嚇和困窘的表情，且暴露慾望幾乎無法控制，其行為很明顯受到焦慮、不安，以及性興奮所引發，而在不顧一切出現行為

時，將社會道德、法律的後果狠狠拋在腦後。這種行為也會來自於不成熟的心態，以及在女性面前過度自卑，只能透過這些行為展現男性雄風，讓對方花容失色，自己才覺得沒有被看扁。

在協助小東的過程中，我需要收集行為形成的原因，例如，要了解心理狀態和過去生活（原生家庭狀況）的經歷，對小東造成的影響有哪些？找出是什麼家庭事件，讓小東產生心理焦慮和不安的？還有何時開始透過什麼情境、經歷引起性慾和性興奮？什麼時候開始覺得失控？這些事件可能是與性興奮有關聯的蛛絲馬跡，然後輔以預防措施等一連串的策略和技巧，這樣不但可以幫助理解自己行為的成因，並克制行為及減少焦慮，也能使小東逐漸遠離這種失控和困擾的露鳥生活。

從小東的案例可以知道，某些性癖好不僅挑戰社會的傳統文化和道德觀，讓人們不喜歡之外，還可能會觸犯法律，而從性學的角度客觀的去看性癖好，只要不觸犯當地法律，同時在確保不損及權益、尊重意願的前提下，人們是可以自由地嘗試和探索各種對性的喜好。

不過，受到成長環境、文化差異或宗教信仰的因素影響，會對某些性行為的喜好有不同的看法，甚至會辨識到這行為，與自己不同而感到奇怪、排斥，而用負面的詞語去描述。但這樣的評價是主觀的，因為每個人的背景皆不同！我們需要理解，人的性喜好和價值觀是有差異和多元的，開放、尊重的態度可以幫助我們更好的接受和包容彼此，性癖好（性喜好），並不代表有病或變態，而是人類的性本來就存在多樣化，倘若性喜好的行為已經明顯違法，或是影響自己和伴侶的日常及性生活，建議還是要面對與積極處理喔。

> 註：專業用語裡的變態是指「不是常態」，因為常態變了，那就變態嘍！不是貶損的用詞。

❖ 性騷擾

寫書時，適逢性騷擾議題再次沸沸揚揚，讓我想分享在性騷擾議題上的處理經驗，一些女學員有性趣缺缺的性問題，並表示自己對伴侶的某些行為，例如揉胸、舔胸、或是用手摸陰部等，會產生抗拒與排斥的心理狀

態，這些學員幾乎都有被性騷擾的經驗。

　　女性學員小真（化名），中年婦女，有固定工作，家庭小康，與先生感情不錯，兩夫妻的性態度偏傳統，比較不會探索性愉悅，來找我的原因是，小真近來發現與先生的性愛越來越少，重要的是，先生寧願自己來，也不想找她，這讓小真很受傷，也會想老公是不是外面有女人了，這樣的事件之前也吵過蠻多次，小真說老公現在是逃避，不過好不容易，說服他一起來做性諮詢。

　　老公說，我們都蠻傳統的，我也不知道有什麼可以變化，也覺得Ａ片演得那種，老婆不可能這樣做！這時小真開口說，Ａ片很假欸，你要假嗎？老公說，我也不知道怎麼講，就拿最簡單的例子，她胸部不喜歡被碰，親不到幾下就說不舒服，奇怪！女生不是胸部和下面會舒服嗎？那邊不是一般的敏感點嗎？

　　這時，我察覺到小真有話想說，但欲言又止，於是取得同意，做個別諮詢，小真說很小的時候，她曾經被一個不熟的哥哥算是鄰居吧，抓胸部，這把她嚇到臉色蒼白，差點破膽，當下甚至連結到有生命危險！所以，

小真對於摸胸、揉胸、親胸有了陰影。

當回到兩人的諮詢時，經過小真同意，我對小真的老公說了她埋藏幾十年不好的經驗，老公覺得對小真很不好意思，我隨即說，這不是你的錯，不需要把錯強加在身上，這樣的問題是經常發生的，也總是會覺得這種羞恥和丟臉的事，不應該說出來。

小真兒時胸部被性騷擾種下的心理陰影，造成長大後對碰觸胸部的恐懼和排斥，而乳房對男性來說，是一個重要的性吸引、性興奮部位，只不過是剛好影響小真性愉悅的原因。但是，話說回來，心理議題還是要解決，這部分除了克服創傷陰影，和羞恥及自責的心理歸因需要調整以外，還要進行伴侶開放溝通自己的想法和需求，並培養對性的正向觀念和學習、探索多樣的性愛，去建立和諧、愉悅的性生活。

自 2005 年性騷擾防治法公布以來，已經快 20 年。在這段期間，政府一直不遺餘力地宣導性騷擾的危害，而社會新聞媒體也屢次報導了許多性騷擾事件，特別是涉及娛樂圈、政商名流的案例。儘管這種行為已經觸法，

也是普遍被視為不受歡迎的，但事件依然層出不窮，而加害者一旦曝光，將面臨人設的崩潰和名譽受損，周圍的人也紛紛避之不及，可是即便如此，仍然無法遏止性騷擾，許多人會很好奇，到底為何會想性騷擾他人？

這是一個深層的社會問題，要回答問題，需要考慮一些心理和社會因素。性騷擾通常是權力、控制與性慾的一種表現，從中國古代封建時期，以男性為主的父權社會去看這些行為，便能稍微了解行為塑造的雛形，加害者通常是男性居多，他們可能會感到自己有權力或優越性，並以性騷擾的行為，實施掌控的權力，而社會文化裡的性別刻板印象，與性別歧視也促使某些人認為性騷擾是普遍可以接受的，或者是他們尊貴的權利。

對於傳統社會期待男人要霸氣、直接，女人則要溫柔、婉約，以父權觀點去看男性的這些行為，只是逢場作戲、消遣娛樂並沒有什麼特別，再者許多媒體或是影片素材，也會依循上面說的，去塑造男人和女人的形象，例如女人即使位高權重，仍然只是女人，先天上還是有許多的不足，這種歧視與不尊重在某些男性的內心裡是根深蒂固的，是受到社會文化影響和家庭環境學習而來。

以上都顯示在性別、社經地位甚至是種族方面的不平等。當然加害者還可能有自卑心理和性慾不滿的問題，這些也會驅使他們對女人進行性騷擾，另外，某些人可能缺乏適當的社交技能，無法擁有正向的人際關係，導致他們利用性騷擾，去平衡被貶低的感受，和滿足某方面的性需求。

　　性騷擾的背後，反映出一種不成熟的行為，就像早期尚未有性騷擾防治的年代，有些處於青春期的國中男生，經常表現出調皮的行為，他們可能會從背後拉女同學的內衣肩帶，或者趁同學不注意的情況下，脫了男同學的褲子等。而學生也無法覺查或辨識，其行為已經是性別刻板、歧視與性別暴力。行為被歸類為「不當」的，重點在引起他人的注意，和缺乏對他人的尊重。這種不當認知、心理引起的行為，若沒有妥善處理，長大後挾帶著性慾一起，就更容易觸犯性騷擾。

　　另外，有一種人在平時懂得尊重他人、彬彬有禮，可是一旦喝了酒，或是離開公開場合，進入私領域就會變了嘴臉，典型人前、人後不一致，逞私慾而將尊重他人的品格驅離了腦子，這類人更容易讓人防不勝防，也

因為落差太大難以相信，更加深受害者的傷害。最後還有一種性騷擾者，真的不是故意的，是腦功能受損或退化，無法抑制行為，而造成騷擾的人，這類人多半是腦損傷病患，或是老人家。

這裡簡單分享一些預防被性騷擾的方法：

一、盡量遠離酒的社交場合：

不是要把酒汙名化，而是許多研究都顯示，酒精比較容易讓人的行為脫序，無法拒絕的話，請做好相關預防措施，例如攜帶一名不喝酒的友人。

二、勇於拒絕：

如果感到不安或不適，不要忽視這種感覺，遇到性騷擾就要以明確且嚴肅的態度表明立場和拒絕，不適合用「溫柔堅定法」，因為很常有男性遇到溫柔，就聽不見後面拒絕的內容。遇到性騷擾事件不要想著權利和利益要兼顧，當性騷危機出現時，有明顯的不舒服感，如果還怕搞壞關係和利益而選擇隱忍，通常弄到最後，就是關係和利益都沒了。

三、不曖昧：

在社交互動中，某些人說話的態度，容易讓人覺得對性是開放的，所以不要有模糊、曖昧不清的表達或是暗示，至於對方若釋出性邀約的訊息，或是口出低俗語言進行騷擾時，先以軟釘子（看交情，但這種讓人不舒服的人，請思考一下是否要繼續往來）或是直拳出擊予以拒絕，也可以找理由立即離開現場，有清楚的界限，能減少被性騷擾的機率。

四、自我保護：

學習一些基本的防衛技巧，包括如何呼救、使用手機發送緊急訊息（先設定好單鍵操作）、快速移動到安全場所等。這些方法可以在遭遇肢體性騷時保護自己，也可以找男友或是家人多多演練這些技能，幫助提升反應力和應對的自信心，千萬不要覺得事件不會發生在你身上，某些人尤其是女性，真的非常容易遇到。

假如有被性騷擾的經驗，並且對親密關係和伴侶的性生活已經產生了嚴重影響，例如有陰影、對伴侶的親密靠近，會焦慮或逃避時，就要積極處理或是尋求協助，以下是一些建議：

一、不要責怪自己：

性騷擾是加害者的錯誤行為，而不是受害者所造成。

二、與伴侶溝通：

與伴侶分享感受、經驗和情緒，讓其了解困擾。這些對於理解與互信很有幫助，伴侶也能提供情感上的支持，但若是伴侶身心狀態也不佳，可以先避免溝通此事。

三、進行心理疏導：

找專業人士處理受創心理的療癒是很重要的，這類協助可以幫助應對性騷擾的創傷，減少焦慮或抑鬱的產生，也能處理後續與伴侶親密關係的重建以及恢復自信心。

四、建立支持系統：

與家人、朋友分享經歷，「說出來」可以幫助減輕心理負擔，減少一個人面對的孤寂和無助感。

五、司法行動：

可以考慮聯繫法律專業人士或性騷擾支持組織，瞭解自身的權利，並擬定後續的法律流程。

❖ 情慾移動

所謂「情慾移動」,是伴侶或婚姻關係在忠貞的前提下,情感與性行為都往外移動到他人,就是大家耳熟到能詳的外遇、劈腿、腳踏兩條或十條船,與單純找性工作者宣洩性慾不同,會有情感、親密和性互動的交流。我在執業時經常碰到此問題,而在協助的過程,將無可避免的面臨挑戰,因為情慾移動很複雜,通常會有許多種因素,除了成因需要分析與探討之外,移動者(外遇者)和被移動者(被外遇者)之間的心理狀態、情緒反應也需要了解,例如:移動者可能感到混亂和愧疚,而被移動者可能會感到困惑、傷心和失望等。這些負向感受都是需要先被理解和協助,才能促進雙方在情緒相對較穩定的狀況下,去練習修復關係的溝通與互動。

讀者們一定很想知道有關於外遇的動機吧?這也是學員常問的,「真的不懂,他/她為何要這麼做?」其實以婚內關係來看婚外情還蠻普遍的,從不同資訊的來源統計,也有不小的差異,大約有 20%-50%(林蕙瑛(譯),2011)。這個數字對於傳統的人來說,應該是很哇賽的。婚外情的原因,參考Patti Britton 博士的 10 種原因,用白

話文說：

一、沒有性生活或對其不滿意。

二、覺得自己的性別（男、女）氣質沒有吸引力。

三、伴侶的權力鬥爭。

四、負向情緒延續的行為。

五、老來叛逆。

六、不成熟容易被引誘。

七、太天真而做無知的選擇。

八、酒精和藥物的影響。

九、我的愛情不是真愛。

十、中年危機。

另一份來自美國對於伴侶出軌動機的研究報告（Selterman, Garcia& Tsapelas, 2021），也分析出八項：

一、憤怒或擔憂對伴侶的行為。

二、性需求未得到滿足。

三、缺乏伴侶情感支持或親密感。

四、對未來的關係缺乏承諾。

五、渴望更多自主權或提高自尊。

六、在特定情況下，由於酒精作用而失去判斷力。

七、感到被伴侶忽視或虐待。

八、渴望多樣化的性伴侶，或體驗更多性愉悅。

綜合以上研究結果報告，與我實務的經驗，整理出七個重點：

一、性的因素

性滿足在伴侶關係中有著重要的地位。儘管性是人類生存的原始慾望之一，但不是每個人都視為生活中不可或缺的，有些人可以容忍較低頻率的性生活，甚至可有、可無，這通常取決於個人的性慾程度。

人們在討論性滿足時，會把重點放在做的頻率，實際上關鍵是整個過程的體驗，包含個人的性慾、性興奮程度，和對性高潮的感受，以及做愛完後是否感到關係的親密。滿足以上條件與本書後面會提到，如何持續擁有「愉悅性生活」的四個核心要素密切相關，這裡先劇透一

滴滴！即，是否在性愛中感到放鬆與自在、過程是否專注享受、性刺激充足嗎？以及有沒有加入有趣的性愛元素，來增加性興奮，而這些在愉悅的性愛過程裡，都扮演著極為重要的角色。

　　每個人的性愛習慣和感官享受的途徑不同，當伴侶在性互動遇到問題或性愛喜好有差異時，可能會導致一方去尋求其他方式，來滿足性需求和性愉悅，最常見的方式就是找關係外的對象，以紓解不足和平衡。

二、關係因素

　　在親密關係中，缺乏真誠、信任和安全感可能引發多種性問題，或延伸至關係的各個方面，包括情感和相處溝通，也可能造成關係的忽視、疏離和緊張。如果一方感到不被信任或不被了解，關係可能會降至冰點或是搖搖欲墜，這種狀況會伴隨著溝通衝突或心理防衛，使雙方不想坦然表達自己的需求和感受，另外，抱怨也是常見的行為表現，伴侶感到不滿時，會抱怨兩人在生活習慣、價值觀的差異，以及性生活不協調等，有時候這樣的抱怨不僅加劇了不滿的情緒，還可能讓被抱怨的一

方，感到內疚、反感和排斥。

在這樣的負面氛圍，若對伴侶言行和行為持續有懷疑的態度，並用激烈的方式應對，反而會破壞關係的信任及安全感，還有感到伴侶關係的虛假。此外，過去不良的情感經驗，也可能使一方對於親密關係的經營失去信心，不相信承諾，害怕再次受傷害，阻礙對關係的投入，當然也就更容易遊戲在情慾。

三、自我認同

現今社會，對性別該有的氣質和外貌審美的習慣，這些刻板印象讓人有壓力，特別是那些曾經生過孩子的女性，可能會感到困擾，因為產後的身材變化，如體重增加和乳房下垂，甚至乳暈、私密處變黑等，讓她們感到失去性吸引力，加上伴侶可能會以明示或暗示的方式，傳達這種感受，進一步損害了她們的自信心。

因此，若太太在職場上，遇到能夠接納自己的對象出現，情感便可能移動，而性行為也可能是附屬的，為了滿足或報答接納自己的男性而為之。相反地，在一個由太太主導的家庭中，先生可能不被尊重，而她的強勢

特質導致互動的攻擊性，好比：問什麼都好，你怎麼這麼沒有主見？還是個男人嗎？像這樣的相處模式，會使先生感到人格被貶低，並表現出消極的態度，加上，以為男人就沒有身體自我認同的問題？事實上，男性中年發福，臃腫的臉、脖子與肚子，也會使男人感到自卑。

所以此刻，先生在工作中遇到一位能夠傾聽且特別，其實也不用特別，稍微溫柔的女性時，即使她的外表和身材並不出眾，可能也會透過尋求這種情感支持的吸引，來確認自己仍然是有人喜歡的，尤其是可以再次表現「性」的能力，以上這種情況的核心，在於追求移動關係中的肯定和認同感。

另外，夫妻和男女朋友，經常出現爭奪主權和控制權的情況，最常見的表現就是在吵架時，都想贏過對方，如果其中一方長期處於較弱勢的地位，情慾轉移的可能性也會增加，因為在關係裡感到自由、自在，並能夠自我掌握是很重要的。若感受到被壓迫時，就可能會往外尋求情感支持或性愉悅，以彌補在關係互動的失衡。因此，在這種情況下，情慾移動成為一種沒有積極處理關係問題，而是以在關係外，找尋新的自我肯定、

自我價值和自主權的方式。

四、衝動控制

伴侶互動中，一方的任性或不成熟的情緒經常引起困擾。這種情況的根本原因在於，人不按牌理出牌，言行妄為，缺乏自我控制，表現出消極和負面的行為。例如，當發生情感問題或是為了性生活不協調而爭執，造成氣氛緊繃時，有些人可能會選擇外出尋找認為的性與愛，以應對他們的不滿情緒。此外，對於思想較不成熟的人來說，面臨誘惑時，他們可能會表現出衝動而無法自我控制，也容易情慾移動。

五、心理因素

伴侶性態度和性價值觀的影響不可忽視，特別是當伴侶的行為引起負向感受時，像是吃醋與嫉妒，這種困擾源於伴侶經常與他人玩曖昧的態度，所以可能會出現以下的心理反應，例如報復心態，這意味著一方可能會以相似的方式去回應伴侶的行為，試圖平衡關係中的不公平與減輕負向的感受，亦會以相同的方式，使伴侶焦慮或憤怒，把伴侶的關注重新拉回到自己身上，也藉此表達

不滿。

六、環境因素

酒精和禁藥的作用，會降低個人行為的抑制力，較容易做出情慾移動的選擇。不過，一旦外遇的行為發生，通常會對伴侶關係產生喪失信任，也會強化關係中的不安，影響很大喔。

七、重新探索

許多人在年少時，可能表現得乖巧、聽話，成長過程順利，包括學業、事業和感情及婚姻，都沒有太大的波折，過著平凡而幸福的生活。然而，有些人突然（常在中年階段）覺得過去都是為他人而活，為父母、為伴侶、為孩子，如今需要為自己而活，希望未來人生，可以增添更多的色彩，探索及滿足「性」的需求，開始厭倦伴侶的平庸和無趣，並抱怨缺乏吸引力。他們積極的想要尋找更不平凡、更有趣的生命體驗和冒險生活，所以啊，情慾移動是一個可以立即改善平淡無奇人生的快速方案。只不過這種改變，通常只是一種表面的滿足，無法解決親密互動和生活的問題，也會對伴侶關係造成阻礙。

有時候，對愛情的想像可能過於美好，使我們容易陷入電影或童話故事的浪漫劇情裡，會認為此刻眼前新認識的人，是靈魂伴侶，是真正的愛情，而有一見鍾情或一夜情的發生。不過現實生活中，相愛容易、相處難，維繫一段愛情往往比想像的複雜和困難，浪漫愛情或許是美麗的開始，但是一段長久而健康的關係，需要更多的條件，如：相互尊重、信任、接納和共享彼此的價值觀或是性生活的和諧。雖然可能會有一見鍾情的機會，但請記住，這不一定代表是美好，或是持久的愛情。

　　無論是自己或是伴侶情慾移動，對某些人來說，都是人生重大的選擇或是經歷，這個過程可能會為婚姻或親密關係，甚至其他人帶來傷害，基於生活需求與心理健康的復原，仍然需要謹慎處理這個複雜的情況。

　　面對外遇，大部分人能想到的處理方式，一般方案就是終止或繼續關係，前者可能帶來短暫或長期的痛苦，但於現實情況終究會有過去的時刻，而後者待在關係內，若沒有處理好，可能會鬱鬱終身，不管選擇哪一個結局，都是自己的決定，重點在於之後面對情感和親密關係的自在感受，能否依然存在？處理到伴侶情慾移

動的事件相當棘手，因為它對親密關係和愛情結構造成了巨大的影響，對於那些決定留在原有關係的人來說，是漫長而艱難的。當然，也並非所有人都把外遇，視為毀滅的事件，不管怎麼說，情慾的移動確實會對伴侶關係的安定和親密感造成威脅。面對事件的處理，需要綜合各種資訊，給予學員穩定的支持、指導和提供解決方案，幫助在情感修復的路徑中，找到合宜且相對舒適的路。

還記得剛就讀樹德科技大學，性學所博士班時，曾讀到一篇有關於治療夫妻不忠的文獻，其中提到五個關聯的處理階段（Fife, Weeks& Gambescia, 2008）如下：

一、危機管理和評估。

二、系統的考慮。

三、促進寬恕。

四、治療引發不忠的因素。

五、通過溝通促進親密關係。

這幾個階段（非順序）在所謂破鏡重圓的過程裡，能

幫助夫妻處理外遇事件並重建關係。首先理解情緒的宣洩很正常，但自己要設一個時間與發洩的底線，其次便要開始進行，兩人要有一起解決問題的共識，過程中降低強調自己的傷痛或合理化的行為，彼此需要對情感狀態，做評估衝擊和危機管理，然後進行對話。

接著要理解事件起因和傾聽彼此的感受，以及評估是否要繼續維持關係；然後思考如何面對家庭系統的成員，如子女或是其他家人，要選擇坦白告知還是隱藏，每個選擇都可能引起不同的反應，兩人需要仔細去衡量。無論是分手還是修復，寬恕都是決定未來情感生活，能否自在的關鍵態度。

有人可能會想，重大事件要寬恕並不容易，或是質疑寬恕的成效，不過有研究表明，寬恕對於治癒人際關係是一種可接受的干預方法，與重要的介入措施（Butler, Dahlin& Fife, 2002）。當然對於某些人來說，寬恕可能難以做到，或者需要很長的時間，但寬恕在於消除傷痛，期間需要透過理解和接納錯誤，與被傷害的現實，及尋求合適的方法來重建關係。另外，需要深入探討問題的根本原因，比如性生活不協調、溝通衝突或其他議題，

這些問題往往與強烈主觀價值的看法、認知、情緒和應對方式的習慣有關，總之，討論這些問題對於處理情慾移動事件有很大的幫助。

想要積極經營親密關係，包括要學會關心對方、適時表達感受和需求、互相支持內在情緒，並傾聽對方的聲音，好好表達愛意和欣賞等等。當問題產生時，也要積極面對與處理，現在我們明白情慾移動的原因，可以有多種因素來形成，冰凍三尺也非一日之寒，走過這些歷程需要有耐心，而這五個階段可以幫助面對外遇事件後的修復，往好的方向靠近，也可以減輕未來對關係脆弱的傷痛反應。

分享一個我曾經協助的案例

一位丈夫最初來找我，說他與妻子的性生活不順，以及情感關係似乎出現了問題，他認為是自己的性表現出狀況，因此希望通過我的協助，來解決性問題。在第二次見面時，他突然提到了妻子的外遇，並說這些日子以來，他的生活充滿了焦慮和不安，甚至失去了性慾，對性問題也無暇以對。

我安撫他的情緒後，仔細聽他訴說的整個過程，包括他們夫妻相處的情況。這些情況與之前提到的研究結果相符，例如：妻子覺得缺乏丈夫的情感支持，以及與妻子相處的過程中，常常感到自卑，覺得被忽視。我與丈夫進行了長時間的談話，幫助他釐清和分析了父權思維（即大男人心態，不能理解也不願瞭解伴侶的內在情緒）是如何一步步影響他們的親密關係，將愛人推向外遇的原因。

　　幸運的是，先生能夠理解並按照我的建議，開始與妻子溫情對話，經過夫妻雙方積極深入的交談，妻子終於釋放心結，說出自己的委屈和矛盾之處，先生也能夠有效安撫妻子的情緒，兩人的關係在這個過程中逐漸修復，夫妻透過共同經歷這個重要的困難時刻一起成長，也加深彼此的情感。

　　情慾移動的情況，不是一時之間形成的，瞭解成因非常重要，也需要有耐心來面對和處理這些問題，知道是怎麼一回事，就能更好的幫助夫妻雙方，以及協助者理解和應對情慾移動的問題和修復。其實每個關係都是獨特的，這些問題可能會以不同的方式，在不同的人身上

出現，而處理的核心關鍵在於，達成共識及建立開放和坦誠的溝通，共同努力解決「一起」的問題。

（沒有經營不了的親密關係，只有已經停止相愛的人心）

三、大眾「性」問題解析

　　用醫學的話來說，性功能障礙大多存有共病現象，即存在Ａ就產生Ｂ。在性問題上也如此。例如：長期性慾低落或性生活不舒適，會導致性興奮狀態不佳，阻礙性高潮的發生或是影響性的愉悅，這樣必然會危及性生活的品質。所以當你細細的品讀本文內容時，就會發現絕大多數的人幾乎都不是單單一種性困擾，至少會同時伴有兩三種以上的問題，其中也包括了伴侶之間的相處議題。在實務經驗中，我整理歸納出許多常見的性問題類型。

　　以下將透過真實（有將人物背景弱化）的案例故事，來分析造成這些性問題的關鍵原因和經過吧，當然在本章節，我也會適時提供一些簡單的小技巧和自助訓練的方法，協助有需要的讀者們處理或改善性問題。

（一）低性慾問題：

我經常面對伴侶的各種性問題，基本上都會在性生活造成不同程度的影響，在眾多的性問題中，蠻具挑戰的是低性慾。而低性慾幾乎是各類性問題的終點站，這點讀者大概都可以理解，當性慾無法透過任何形式的性行為達到滿足或其他目的時，就會降低「性」的動機和意願，並成為伴侶親密關係中阻礙性福的主要因素之一。

❖ 小故事 1：深深愛她，卻不想Ｘ她

阿正（化名，男性），有位他喜愛的伴侶，在職場的表現也一直很好，深受長官的信任與倚重，看起來應該是要幸福美滿，可是在性愛上一直提不起勁。當他說完他的性抱怨之後，我心中瞬間出現一股違和感（當然我用了刻板印象），因為跟他英氣風發的外表差太多，阿正穿著有品位，看起來是成功人士，但卻性致缺缺。在旁邊的伴侶這時候開口了：院長，我跟你說一件事，我無法理解，他約我去開房間，但卻在浴缸裡面泡澡看影片，你說扯不扯，他不愛我就不要約啊……阿正的伴侶越說越生氣，我則先安撫了她，並示意阿正繼續，他說我真的

很愛我女友，我喜歡跟她在一起很親密，不知道為何就是在性方面比較沒有想要⋯⋯（以下略）

❖ 小故事 2：前戲太敷衍、技巧太差勁，性慾難免缺缺

小美（化名，女性），目前與老公沒有小孩，平時除了工作的忙碌，其餘時間倒也清閒，與老公之前性愛還可以，但是不知道從什麼時候，對房事興趣缺缺，開始會拒絕，而老公被拒絕幾次之後，就再也沒有提出要做愛，停止了性生活，兩人的情感倒也普普通通，日常互動沒什麼問題，也很少鬧不愉快⋯⋯但小美說前些日子他們大吵一架，老公說小美的性慾這麼低，很常讓他吃閉門羹，有性需求他都要自己來，再也受不了一直這樣下去了，小美慌了，於是決定要處理他們性生活不協調的問題。

而小美拒絕老公的原因是，老公每次想要做愛都直接來，前戲也很敷衍，有時候他前戲有做久一點，不過小美一點都不舒服⋯⋯（以下略）

❖ 小故事 3：愛愛私密處不舒服，只想趕緊完事

　　華華（化名，女性），與先生交往結婚多年，起初性慾都還不錯，但自從生完孩子後，性慾大幅下降，甚至還覺得性愛時陰道口會痛……華華跟我說，其實性愛沒有想像的舒服，對於一些Ａ片女主角那種升天的感覺，絲毫不曾有過，先生在性愛時喜歡問她舒服嗎，也覺得厭煩，還有一陣子陰道發炎不方便做愛，先生也會生氣，如此長久下來一直處於被動的配合，讓她覺得不如自己來還更舒服。在聊到性愛技巧時，華華說，其實很不怎樣，無聊又沒有變化，加上現在覺得做愛這件事很煩，所以對於前戲也無感，不如直接進來，每次都很想趕快結束……（以下略）。

　　這三個案例中，阿正面對伴侶的強勢和情緒容易高漲，讓互動十分緊張，在這樣的關係狀況下要能享受性愛，有點困難。而小美的性感受長期被伴侶忽略和遭指責，兩人為性爭執的頻率頗高，因此加深小美對性愛的抗拒。華華覺得性愛麻煩又沒有愉悅感，重點是做愛會痛，加上身體不適期間，不僅沒有被理解、關心，還要承受為此事爭執的心理壓力，這讓她逃避和丈夫的性。

其實伴侶間的性愛興奮反應和愉悅感，有很大程度取決於彼此關係是否緊密、貼近，若缺乏相互理解，只靠生理層面是無法提升性生活品質的。所以在處理低性慾時，最重要的是先搞定親密關係，性愛才會有享受的感覺。

當然，性慾也存在高性慾的情況，不過有時候被伴侶認定為高性慾的一方，可能會感到莫名或不知所措，因為很有可能他／她的性慾從以往便是如此，只是現在的伴侶性慾較低，或是突然變低，以至於伴侶的性慾就顯得高了。反之，被伴侶抱怨低性慾的一方，也是剛好碰到性慾較高的伴侶而已，總之這是一種性生活中彼此性慾不均衡、不滿足的問題。

另外，「性態度」較為傳統、保守以及不知道自己身體的性敏感點在哪，或是在親密關係中曾經受過傷害的人，簡單說，對性交行為如果失去或沒有性致，加上缺乏實際的性經驗與性愉悅的感受，性慾便可能被封印在身體裡。然而性慾低的人也經常會讓伴侶感到自己沒有性吸引力。

不要忘記，做愛做的是性慾！

性慾作為性反應的首要階段，其重要性不可忽視。不過儘管如此，性交行為也不一定總是由性慾驅使，有時候會因角色、目的或情境的不同，例如性工作者以獲取報酬為性交目的，所以性慾的引發不一定是首要條件。而女性在某些時候來說，即使缺乏或低性慾時，仍然可能選擇與伴侶進行性行為，但這並不保證性愛、性交的爽度。在加上過去有不好的性感受，這時反而只想盡早結束這場無感、無趣的嘿咻活動或是房間裡的家事。

同樣地，男性也可能在被性邀約時感到壓力，心理因素使得他們更容易受到性慾降低的影響，導致勃起困難，無法達到性愛所需的「硬體」條件，在這種情況下，逃避性交的可能幾乎是必然。那怎麼辦？以下提供的方法是從排除器質性，並針對認知和技巧方向去制定的。

伴侶間重燃慾火

為了重啟性愉悅首要條件 - 性慾，可以把性慾想像成一把火，它需要三個重要元素：起火工具、助燃物和氧氣。

首先，火苗象徵著原始性慾。每個人的火苗大小各異，但如果這把火苗熄滅，我們就需要一個工具（親密感）來重新點燃。擁有了親密感，伴侶間的性慾就有了重新啟動的契機。接著，助燃物代表激情，透過在性愛的情趣或技巧方面下功夫，來成為點燃慾火的重要元素，而學會營造氛圍、樂於探索性的喜好和學習新的性愛技巧，對於創造新鮮有趣的性愛體驗絕對有很大的幫助。

　　一場慾火需要持久燃燒，就需要足夠的氧氣。而保持穩定的親密感需要有持續經營的態度，因此，承諾變得很重要，而這承諾便是助火燃燒不可或缺的氧氣元素。有了長期的承諾，支持伴侶間性愛的慾火才能一直燃燒。下圖為以愛情三角理論的三個元素，來比喻持續性慾的三個對應條件。

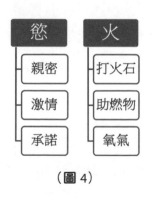

（圖4）

要維繫伴侶長期的性愛關係就像照顧一把火。我們需要對彼此有不斷的慾望，想要讓慾火燒的炙熱、燒得旺，就要持續供給和平衡這三個元素，現在，準備好讓慾火燃燒你和伴侶，並開始一同享受性愛的美好了嗎？

慢點、慢點，再讓我叨唸一下下，別急（有時候急躁也是會引起性問題的喔，我又在嚇你們了 ><）。

「慾」火重生

在處理性問題的過程時，讓性慾順利出現是一個重要的策略。因為，在性慾降低的情況下，若進行身體的訓練會變得更加困難。以下說明為什麼性慾對身體的練習粉重要：

就男性而言，增加性敏感的反應練習，通常需要專注於身體的感覺和性興奮狀態。例如，按摩陰莖可以有助於提高性興奮的反應程度（即硬度）。但當性慾降低時，就會影響身體對性刺激的反應，阻礙之後的性敏感或硬度的表現。

而女性的性交阻礙（性交疼痛、陰道痙攣）需要做陰

道接受陰莖進入前的放鬆，和陰道內擴張的練習，目的在使陰道能順利適應外物的進入（對，就是老二你），同時減緩心理上高敏感的痛覺反應，好促進伴侶房事的順暢，解決性問題。然而，這樣的練習需要時間和耐心，特別是在克服對外物進入的心理恐懼，當骨盆腔肌肉繃緊程度極高時，如果女性僅出於滿足伴侶需求，而缺乏自身性慾的動機，這可能會把練習變成一場噩夢，一天捕魚十天曬網，耽誤到兩人性福生活的進程。

因此，在學員的性福練習中，維持性慾的重要性不可忽視。性慾的存在與能順利喚起，不僅有助於提高性敏感，還能促進練習效率，對於處理性問題的過程中，這一點不只是為了日後可以滿足伴侶，更是為了自身的性愉悅，請不要忘記，自己不舒服、不享受，伴侶都會感受到的。所以建立更為健康、平衡的性愛關係，對提升性福生活的品質至關重要。

提醒：性慾與性問題（產生不愉快的性感受）互為影響。

維繫性慾的簡單方法

來提供一個讓性慾容易激活的方法，利用性自娛（自慰）是個極有效的方法，透過性自娛來探索身體，能更清楚了解自己的性敏感部位，還能分享性喜好和告訴對方哪裡舒服，可以怎麼做，而自慰的性高潮往往會在自在、放鬆、舒服的情境中實現，因此好的性感受經驗，就會妥妥滿滿地儲存在大腦杏仁核中，之後性慾的觸發將更容易。以下是實施重點：

> 越了解身體的性敏感部位，越能在性生活中獲得性愉悅。

正向性態度

在自慰的探索允許自己樂在其中，並享受自在的愉悅是基本概念。有些人，特別是女性，可能持各種原因而排斥自慰，其中較常見的是對自慰有不當的看法，即一些宗教或其他文化因素演變，而給予負面的標籤，例如邪淫（除了正常夫妻性愛之外的行為），或者認為自慰無法對生命產生實質貢獻等等的看法。

如今隨著性健康知識的普及，許多人已經開始接受自慰的正面價值。然而，有些人可能仍因伴侶不願意進行性愛，而對伴侶自慰產生敵意。簡單說，這是一種心理不平衡的現象，就像吃飯時如果一直只有自己享用，伴侶也會感到不爽。所以理解自慰是一種正常且健康的行為，並有正面的性態度很重要。可以幫助個人的性愉悅，還能促進伴侶關係中的開放，保有自主滿足性需求的方式，做到伴侶在各自身體的性自主權相互尊重，及對親密關係有更深層次的理解。

認識、探索和觸摸

　　利用小鏡子或全身鏡，觀照自己的陰莖、陰部、陰蒂、乳頭、臀部或其他性敏感區域等，一面用正向語言接納自己的身體（例如：我的乳頭很性感、看起來很有慾望，我喜歡我的身體和對性有反應的感覺），一面以手指或輔以羽毛、震動的性輔具碰觸這些佈滿神經的性敏感區，進行輕柔的撫摸和探索，可以更好地了解自己的身體，也可以幫助知道哪些區域對於觸摸特別敏感，和發現性愉悅的方式。

有自慰的習慣，女人能在性愛的感受上一層樓。

至於男人嘛！能在性高潮的控制更得心應手，讓女伴

登頂不難。

　　透過自慰，女性能夠深刻體驗性高潮，增進對性愛的了解，尤其在做愛中難以達到高潮的情境。對於男性而言，自慰成為掌握射精控制的訓練，有助於解決嘿咻時過早或過晚射精的問題。此外，從自我練習裡，男性能夠學會控制焦慮和過度興奮，以提升與伴侶的性愉悅，創造共同開心的性愛體驗。

練習技巧

　　自慰練習時，先確認不趕時間、不會被打擾、沒有焦慮或緊張的情緒（可察覺心跳和呼吸是否急促，若有請試著放鬆，進行 1-3 分鐘專心而緩慢的腹式呼吸）、以及有燈光美、氣氛佳（適當的情境），有羽毛或是運用其他性輔具，這些準備齊全之後，開始前可以選擇自己最有性感覺的影音、圖文，當然也可以是性幻想。（建議短影片10-20 分鐘）

本書不同於其他性技巧教學書籍，著重在大原則之下，例如自慰就是要以放鬆、自在與享受為前提，並盡可能開放自己進行視覺上和性幻想，或是撫觸性敏感區域的探索。

123 開始 ：

首先，從敏感部位的外圍區域撫摸，不要一開始就直攻要塞，先暖暖機，接著開始一邊想著影片或是性幻想故事的男女主角，或是伴侶，他們的表情、聲音或吸引你的樣子，引起慾望做性愉悅的連結。再來慢慢往內或敏感點靠近，這時需要專注在身體被撫觸的感覺。

順序沒有標準，原則是不要從性敏感點開始。

一、耳後、頸部、嘴唇、腰側、大腿：這些區域不是所有人都有反應，但也正是如此，此處將是你進行身體性探索的新大陸，練習這些區域，要有耐心並且專注投入，請記住，性幻想和性刺激不要中斷，以便為進入性興奮的狀態做準備。

二、乳房、乳頭：原則在於用手或輔具進行探索，找到自己比較有感的方式，結合想像對方正在進攻你的乳房，練習者以手輕抓乳房，或是以手指輕摳乳頭（這裡神經分布數量非常多要善用），利用此種性刺激方式使身體性興奮，開始陰莖勃起與陰道濕潤。

三、外陰：對女性這裡可以用手指輕搔陰毛(陰阜)區域，被撫觸者可以輕輕扭動身體與臀部，接著以手指輕撫小陰唇（若還沒濕潤，可以沾些潤滑液）以及陰道口，切記要輕柔。

四、陰蒂：這是女性最敏感的部位之一，用手指以畫圓方式，輕柔地觸摸或按摩陰蒂周圍，許多女性會更喜歡陰蒂兩旁的部位（11、1點鐘方向），而不是陰蒂頭。

五、陰莖和睪丸：男性的敏感部位在龜頭冠狀溝與人字型繫帶，可以手握陰莖部位，進行上下移動至龜頭處再往下，並同時稍微旋轉（類似騎機車轉動油門把手），然後重複動作，這招會比單純上下的嚕更有感覺。另外有些男性喜歡被碰觸睪丸，用手進行溫柔的撫摸，或是做愛時用嘴親吻、吸吮或含的口交方式。

六、肛門區域：肛門區域是個充滿性刺激潛力的寶地之一，但在探索這特殊的性感受之前，建議與伴侶進行充分的溝通和心理準備。與伴侶之間的信任度越高，就越能夠共同享受這種獨特的性體驗。當然，要確保雙方不是被逼迫或談條件的狀況，並且選擇一個舒適和安全的環境之下進行。

在探索肛門的性愉悅時，接觸部位的滑順感很重要。可以在手指上塗抹少量潤滑液，這有助於使肛門周圍的皮膚更加舒適。同時，若指甲較長建議先行修剪，以免造成刮傷或不適，對於有做美甲習慣的女性，則能使用其他性輔具，或者更大膽地以唇舌進行探索。進行肛門的性刺激時，請以輕柔的方式撫摸肛門周圍，讓大腦逐漸適應這種感受，同時也撫觸其他性敏感部位，這有助於提升整體的性愉悅感。

肛門區域的探索，對許多人來說不容易做到，也是種挑戰，但只要建立在性態度開放，和互相尊重及理解的基礎上，遵守知情、同意及安全，這樣的性體驗將帶你們感受，不同層次而有趣的性探索之旅。

性愛是一個持續學習和探索的過程，每個人喜歡的方式都不一樣，所以不用跟別人比。如果開始覺得沒有性慾，或是做愛時沒什麼感覺，甚至是不太舒服和從來沒有過性高潮的人，先不用緊張，可以適時調整一下生活中的壓力，多睡一會兒美容覺，養足精神體力後再來做愛，過程中放鬆並慢慢的去感受身體接觸的刺激，當大腦感到舒服的點越多，性慾就容易出現。也就是說，跟伴侶多一點親密的接觸，多一些前戲，例如擁抱、親親、撫摸等，不要急著挺進主題。

同時，要經營跟伴侶之間的親密關係，溝通各自在性上面的想法和需要，多多嘗試不同的方式，慢慢找到彼此最適合的性愛模式，這樣愛愛的時候就會很舒服、很開心啦！最後請記得，尊重彼此的喜惡，擁抱愛的深

度，經常保持開放心態，探索彼此內在的性慾望，就會
創造出令雙方滿意的親密時刻喔。

（二）性興奮不足問題（勃起硬度、陰道濕潤度不足）

　　硬度和濕度不足的問題，幾乎是每個人都會面臨到的
狀況，本篇會提到三個案例，分別突顯了生理、心理和
關係等層面，對於性行為時影響陰莖的疲軟或是陰道乾澀
的可能因素，這些原因都極為可能發生在你我的身上，
所以不能不知道。

❖ 小故事 4：才交往一年性生活竟成壓力，「弟弟」為何不給面子？

　　小彰（化名），是一名青壯年的男性，大學畢業後擁
有一份穩定的工作，與漂亮性感的女友遠距離戀愛ING，
雖然兩人每週定期相約，並在約會中享受親密時光，這
段感情看似自在愜意，但小彰卻長期受困於陰莖硬度的問
題。提到性慾，小彰坦言自己性慾算旺盛，不過在性愛
過程中，他卻面臨著陰莖硬度難以維持的挑戰，少於一

半的機率是無法順利進入女友的「秘密花園」裡，每次性愛時硬度總是無法堅挺到最後，對於自己的性表現，他極度在意，性滿意度超級低，如今與女友的性愛已經變成了一股壓力源。

以上的情況在交往這一年之中經常發生，即使在泌尿科醫師的藥物治療和中醫的協助下，性滿意度仍未見改善，雖然藥物讓性反應有幫助，但硬度不穩仍然經常發生。當我詢問他自慰時，他則表示「弟弟突然消風」的情況雖然還是會發生，但相對有比較少一些。此外，他說女友在性愛互動方面比較不積極，也沒什麼太大的興奮反應，也提到已經很久沒有晨勃，甚至有時候做的時間也很短，整體的性問題其實在上一段感情中，就已經開始了，就這樣前前後後持續了三年之久，現在要性愛的意願不止降低，事前還會感到非常焦慮……（以下略）

> 性興奮的問題非常複雜，也常與性慾和高潮感受有關，因此無法單一層面去處理。

❖ 小故事 5：育兒壓力大性慾難提，老公搭配不當，雪上加霜

　　小如（化名），是位獨立自主、工作也很不錯且身兼妻子和母親角色的女性。婚前的性生活曾經令她感到滿足，性愛頻率大約兩三天一次，但近幾年來她開始面臨陰道不容易濕潤，還伴隨著做愛會痛的狀況，她對性愛的意願也逐漸消失，小如坦言這樣的變化似乎是在生小孩後開始的，而且在哺乳期間夫妻為了性生活問題，曾經吵得不可開交，老公想要滿足性需求，她卻選擇回絕，原因是她覺得她在生活上（餵養、照顧小孩）得不到老公的協助和體貼，而老公只滿腦子想要做愛，讓小如對性愛倒盡胃口。

　　阿勝（化名）是小如的老公，他安於目前生活，擁有自己的興趣愛好，在性方面，他認為自己一切正常，硬度和持久力都足夠，但對於妻子在性愛上的冷淡感到不解。而夫妻進行分開諮詢時，小如跟我說，她發現自己不是很喜歡他老公，這種生活也不是她要的，現在的一切都是這麼無聊、無趣……（以下略）

> 伴侶關係不佳和對性愛感受和性生活期望有差異，不談不處理就會拉遠彼此。

❖ 小故事 6：型男那話兒小不持久，自尊心受創危及性生活

　　阿輝（化名），外表帥氣，穿著有品味，但他卻向我訴說著長期以來的硬度問題，提到和小自己近十歲女友的相處時，阿輝透露她對性愛不感興趣，也缺乏安全感，經常檢查他的行蹤，以及會覺得自己老得很快，而男友正值男性最有魅力的時期，很容易受到異性的喜愛。我問阿輝是否清楚女友為何不喜歡性愛，阿輝說可能是女友擔心懷孕，就算用衛生套也會有風險，因此在性行為中，這樣的擔憂使得雙方很難有性愉悅。

　　另外，女友還曾提到阿輝的陰莖比較小，射精快，這讓阿輝感到很受傷。交往一年多以來，兩人平日忙碌，下了班之後，各自有人際的活動，雖然很自由，但總覺得女友把他放在很後面的位子，阿輝很渴望獲得女友在性方面的接納，但女友的種種疑慮也成為了障礙，總之兩人目前雖然沒有性生活，不過他們的感情仍在持

續……（以下略）

這三個案例呈現不只是生理問題，還包含心理的影響結果，例如：焦慮、性刺激不足造成的硬度和射精問題，再者，夫妻之間的親密關係和小如哺乳期間，身體賀爾蒙的變化，導致對性愛的抗拒和慾望降低的層面，以及阿輝女友缺乏安全感，都顯示感情基礎不穩、互動和溝通模式有問題。

> 許多時候影響伴侶性生活存續的原因，會從日常的一個事件點開始，慢慢累積。

弟弟硬挺的生理關鍵

行房時，小弟弟能否挺起，主要看它是否得到充足的性刺激。刺激有很多種，比如看到性感的表情、私密處，聽到讓人興奮的聲音，嗅到、嚐到色色的味道（類型因人而異）、摸與被撫摸、性幻想，這些都可以引發性興奮，讓小弟弟血脈賁張。但是性興奮受大腦主宰，所以如果這些刺激不夠，或是勾起不好的經驗，小弟弟就很難有反應。

性興奮（陰莖勃起、陰蒂腫脹、陰道濕潤）在一般認知的性行為中，扮演的角色舉足輕重，先說男性，其成敗（爽感、高潮）也盡在此「舉」，有一根硬度足夠的陰莖，加上熟練的性技巧，甚至可以平衡陰莖太短或太細的不足（長度、粗細的接受度因人而異），但若陰莖疲軟就是不行，無論你是鄉民的 30 公分長度，還是C的粗度（手握陰莖，虎口呈C），都毫無用處，做愛軟屌沒人愛。

而勃起的運作機制（由於本書不是從醫學角度出發，也沒有著重在此，所以不會有太多生理學上的撰述），主要由陰莖海綿體神經，及內皮細胞釋放一種名為「一氧化氮（NO）」的化學物質，進而促使產生「環單寧酸烏苷」的增加，使海綿體平滑肌舒張，引發勃起（簡邦平、蔡維恭、陳卷書，2023），在這過程中，「一氧化氮」的存在是勃起機制中的負責人，因為是它負責使老二硬挺。坊間有許多標榜壯陽的保養食品，就會強調能幫助體內合成一氧化氮。

雖然很簡單幾個字說完，但性愛的勃起機制還蠻複雜的。需要正常的神經系統、內分泌系統、血液循環系統和生理結構等相互配合，當然也要有健康的心理條件，這

些一起交互作用方能達成（黃一勝，2016）。用更白話表示，當受到性刺激後，副交感神經中樞興奮，加上海綿體神經作用產生一氧化氮，使陰莖平滑肌放鬆，讓血液流入充血達到勃起。而女性部分與男性運作機制相似，陰蒂和龜頭是屬於同源，女性尿道海綿體在性興奮時會充血，小陰唇也會變得腫脹，因此，男性勃起等於女性勃起（Puppo, 2013）。所以陰蒂和會陰的勃起組織受到性刺激，就像陰莖勃起一樣，使其充血腫脹，這將使陰蒂和陰道變得相當敏感。

大腦也會憑藉對性愉悅的記憶或性幻想作用，不用實際看到或聽到性刺激媒介（色情影片、書刊等），甚至有些男性，只牽到許久未見女友的手手，或是女性受到心儀之人的非性表現，如：看到對方認真工作的神情或是一個擁抱，就會有性興奮反應，這也可解釋一念、一碰就硬了、濕了的狀態。

想要老二能一直硬，不如期待它硬得快

男性在性生活中最在意的表現，莫過於勃起和有棟桃（持久）這檔事，其重視的程度，我們看市面上暢銷的性

保養品類型就知道，塗抹、吃的、擦的、用的、吸的，都是幫助硬度，所以男生對老二能不能硬、能不能持續硬到射，是很重視的。

從 2023 年由簡邦平、蔡恭維、陳卷書等人所著之《男性性功能障礙臨床診治攻略》一書的內容提及台灣勃起障礙的盛行率，自 2004 年 17%、2007 年 26.2%、2010年 27%，到 2019 年的 24.7%。這幾年勃起相關問題的發生率平均都有 23%，比例不算低，而且年齡越大發生的機會也大幅上升。

性愛ING 最優先要關注的是勃起速度，性慾來了後續陰莖沒有反應，如同與喜歡的人一起駕車出遊，引擎已經發動，踩油門卻沒反應，這該有多糗啊！而維持硬度有困難，其主要的原因是分心、不夠專注在性行為上，造成性刺激中斷而疲軟，這樣的陰莖硬度要在短時間內，充血到可以插入是不容易的。

勃起的反應速度，掌握整個性愛過程的流暢性，是相當重要的階段，此時若性反應慢，或耗費太長時間，伴侶可能開始有怨言，而降低性致，這樣，想要愛愛的

感覺跑掉了，自己也會很挫折，於是雙方又多了一次負面的性經驗。如果勃起反應快，代表你正處於專心和投入的狀態，會讓伴侶感到興奮，也有相應的回饋，開啟好的循環，性愉悅、性滿意的機率就大增，也避免產生往後性行為時的焦慮和自卑感。

雖然強調性興奮的反應，對於性愛ING和體驗的首要性，不過每個人的性反應狀態，也都不盡相同，身處於步調緊湊的生活裡，我們經常面臨各種工作繁忙、經濟負擔、親密關係不佳等，體力負擔和精神壓力，導致疲勞、焦慮、情緒低落，影響男性的性愛表現。

在性活動上有時會出現疲軟，或是硬挺不持久的性問題，都是難免的狀況，可以先把注意力放在理解性問題的因果關係上，我就是「平時這樣做，所以就會變那樣」，如此可以減少因為不知情、不了解或缺乏知識所帶來的焦慮感，這也正是影響心因性勃起問題的一個大主因呢。

重回一柱擎天、濕樂園的境界

雖然勃起和濕潤對於性行為過程很重要，但切記不

可忽略性慾喔，性慾越高，更容易產生性興奮。我時常提醒學員，老二短暫軟掉是正常的，除非很快就完全軟下，並長時間無法勃起，否則不須太過緊張。當疲軟時，立即把注意力轉回性愛上，用輕鬆的心情去感受愛撫，不必過度在意勃起的硬度，保持專注於伴侶與性活動本身，對於性興奮都會有幫助。

若伴侶做愛沒有反應，是影響性興奮的原因，則是另外性刺激不足的議題。

女性也跟男性一樣，性慾低，有時候是因為生活壓力和情緒影響。我遇到一些性慾不高，覺得性愛沒感覺的女性學員們，大多是工作很忙，性子急躁，還發現一個共通點，會說自己個性像男生，其實只是壓力很大、疲倦、精神不佳，導致性慾被抑制了，所以下了班只想好好休息，來點輕鬆的追劇。如果這時候伴侶邀約不成，還為「性事」吵架，就會覺得很不開心，久了就會逃避性生活，或是消極以對（要做就快點做完！很忍耐～這樣），這也是感情越來越不好的原因之一。

所以啊，工作之餘要學會放鬆，好好處理生活中的各種壓力，作息要規律一點，工作時間別太晚。最好養成固定運動的習慣，好比有氧運動對大腦產生血清素有幫助，可以預防憂鬱，再來增強一些肌耐力使體力變好，還要注意飲食，體重不要過胖或過輕。做好這些事，就比較不會出現性慾低落的情況。

　　在性生活方面，跟伴侶多溝通是很重要的，彼此表達需要和喜好，維持親密的身體接觸如擁抱、親吻、按摩等，感情才能得到滋潤。性愛時，如果時間許可，不要太急著入「洞」門，多一點前戲，像是抱抱、摸摸、親親，利用這些過程，專心在被撫觸、被喜愛身體的感覺上面，可以增加性慾與性興奮感喔。總之，性愛時放鬆心情最重要，千萬別太緊張、焦慮，否則老二興奮不起來，女生也很難性慾高漲，用輕鬆、開心的心情去享受，身體的性感覺才會更好。

會阻礙性感覺的六個因素

　　性愛上，「性慾」低會影響「性興奮」程度，而兩者之間不足的原因，也經常是重疊的，例如：關係、觸

感、氣味、情緒、刺激、技巧等，這些看起來似乎沒什麼，但卻是在性愛體驗中扮演關鍵角色。接著將分享容易在性愛時出現，而影響性興奮的幾個重點，讀者可以留意這些不利的因素，並一一排除，讓愛愛順利。

一、不佳的親密關係：

緊張或疏離的親密關係會產生負向情緒，讓彼此處於不自在放鬆的狀態，因而影響性慾狀態與性興奮的感覺。

二、被觸摸的感覺不佳：

這是學員三不五時就會提及的問題。例如，在伴侶碰觸時感到不舒服，原因是對方表現出急躁或敷衍的態度，甚至有人直搗黑森林，本意是想引發熊熊慾火激情，卻如澆了一桶冷水反而讓火苗熄滅。俗話說：呷緊弄破碗，就是說這種狀況，也不是天下武功唯快不破，「快」用在性愛上有很多缺點的喔，不要亂用！當身體感受不到令人愉悅的觸感時，往往會影響性的爽感，這些問題的解決方法，我會放在性技巧篇章給予建議。

三、身上異味：

每個人都有自己的體味，但五味雜陳的氣味可能會影

響性反應，身體的氣味來自於內外的部位。例如，身上的毛髮區域會因為汗水和油脂的分泌而產生特有的氣味，包括頭髮、腋下、陰部等。這些地方分泌的物質若遇到體表有細菌時，便會有化學反應從而產生異味，另外則是從體內發出的異味，像是口腔、鼻腔、胃腸道、陰道等等；這裡先不談受到性傳播感染引起的部份。

異味也往往與個人的衛生和飲食習慣有關，若能保持良好的個人衛生，定期從頭到腳的清洗，重點將體表油脂去除（但需視皮膚狀況，勿過度清潔）、更換乾淨衣物，而鼻腔異味多數由抽菸和呼吸、胃腸系統疾病引起，除了積極治療使其復原外，吸菸者可以多做鼻腔的清潔。再者這些區域的異味有些也與飲食有關，除了適度清潔之外，重口味飲食如洋蔥、大蒜、乳酪、咖啡、咖哩等等，也需要留意攝取量。

在做愛的情境中，氣味帶給伴侶的感受特別重要，一個讓嗅覺舒服的環境，有助於提升愉悅的性體驗。

四、負向情緒與思維：

不好的情緒對性愉悅有滿大的影響。因此，我在性

諮詢時，會先了解顧客生活的心情，有些人可能常常感到憂鬱、焦慮或者生氣，這不僅會讓自己在性方面感受不太好，還會牽連到伴侶，而負面情緒就好像一道牆，會擋住通往性愉悅的道路，當感到心情低落或緊繃的時候，性的開心就難以達到，所以，處理性福議題的時候，也要注意解決負面情緒的問題，這個通了後面才能動，也才能改善性問題。另外，若腦中的負向思維揮之不去，如：不佳的性經驗，因此帶著不安、焦慮的心理狀態和憤怒的情緒，也很容易影響性的興奮。

情緒議題很複雜，若經常性的情緒低落、焦慮或緊繃，建議尋求心理專業進行輔導。

五、視、聽覺「性」刺激不足：

少了視覺的性刺激，例如關燈做愛或是性的肢體、語言反應比較保守，伴侶可能剛開始，還可以靠自己的性幻想或性衝動輔助，但時間久了，會讓依賴視覺刺激的男性，出現勃起的困難。然而一般女性對視覺刺激的作用反應，不比男性。而在聽覺的部分，比較保守的人，

做愛不發出聲音，或是因為跟家人住（長輩在隔壁、與幼兒睡），擔心房間隔音設備不良而噤聲，也常會使男性提不起勁喔！所以伴侶發出啊、咿、嗚、耶、喔的性愉悅聲音，對男性來說，是能引起性興奮的。不過女生對聽覺刺激的引發內容與男生不同，多半是平時相處的體貼與溫柔，或事前的貼心問候，暖男啦！

六、缺乏性技巧：

常有人會質疑性技巧需要學習嗎？我的回答是肯定的。我蠻常聽到女性學員說，伴侶的性技巧不太好，但也有很多男學員，希望女伴學一些性技巧，事實上這種問題很敏感，弄不好會有陰影，甚至嚴重到就結束關係。

來來來，我們輕鬆點，想像一下，性愛像是在煮菜，要看起來好吃，聞起來令人口水流滿地，這些就需要精湛的廚藝，要不然成品可能會差強人意，甚至是失敗的。做好一件事本來就需要技巧，但因為牽扯到「性」的負面標籤和羞恥，讓談「性」這件事情，變的更加謹慎和防衛，所以通常會顧及對方面子，或矜持而不好直接說明與教導，免得傷了對方的自尊心！

的確，談床上技巧缺乏的議題有點危險，弄不好可能會影響親密關係。不過也不能不說、不處理，特別是缺乏性技巧可能會在性愛過程產生阻礙，比如說，缺乏前戲技巧可能會導致陰道濕潤不足，或陰莖難以勃起，嘿咻時技巧不足會讓整個體驗變得乏味、不滿足，甚至讓人感到失望。如果情況持續存在，加上不好好溝通，還會引起爭執，親密關係和性慾問題就會更慘。所以從抱怨者、投訴者的角度來看，伴侶學習性技巧就像學習烹煮美食一樣，而找對師傅、看對食譜和多練習，心甘情願地投入，性愛的過程，就會變得如一道色香味俱全美味的餐點，讓人流連忘返，讚不絕口！

　　然而，我更想說性愛，不是單方面的事情，而更像是一場雙人舞，舞技好可以帶動對方的表現，但有時候，也會碰到自我感覺良好的伴侶，什麼缺乏都是對方的責任。所以啊，雙方有充足的性愛技能知識很重要，彼此對於床上的事，也需要能開放和正向的聊，這樣才能一起創造更滿意的性愛體驗。

七、不懂情趣：

> 缺乏情趣可能使性變得單調。尋找新的方式、嘗試新的事物，能夠為性愛增添新鮮感。

搞懂性愛的情趣和能沈浸在情境中很重要。但有些人就是有障礙或是很ㄍㄧㄥ！舉例來說，想像情人或夫妻在看一場浪漫的愛情電影，然後有人就覺得，這世界怎可能存在如此浪漫的人呢？或者看一部鬼片，然後腦子告訴你，這都是假的、演的而已，再或者看一齣喜劇，卻想不通旁邊那個人，為什麼笑點這麼低。以這種理性看待事情的觀點，來談戀愛或是過婚姻生活，可能會錯過一些感性的FU，難以真切的體會情境所帶來的樂趣。

當然啦，我理解習慣用理智處理事情的人（好像我自己也是＞·＜），他們的行為習慣可能受到成長環境、家庭教育、生活壓力和個性特質等，多方面的影響，也不能過分苛求立刻或全部調整。不過這部分的自我覺察，對心因性的低性慾者來說，確實不能不為之，當發現自己對周遭事物缺乏反應時，或許就是該考慮調整一下了，

如果生活步調能夠放鬆一點，理智線調鬆一些，在開啟
感性的一面，專注地去感知生活的樂趣，我們就能重回
享受事物的體驗中喔，當然這些用在「提升性愛感受」
上面是非常不錯的方法。

適時處理負面情緒、緩解壓力，就能在性感覺上
創造一個更有利於性愉悅的環境。

如果只是缺乏性愛樂趣，那如何創造？其實做起來
也不會太麻煩！也不必事事要觀察和猜！性溝通就是用
在此刻，平時多與伴侶聊聊怎麼做可以更愉悅和舒服，
以及減少心裡有「我不說，伴侶一定要知道」或「知道
就不應該忘記」這些不實際的思維，設限的框架越多，
只是會製造彼此更多的事件及問題而已。關於製造情趣的
方法，我會分享於性愛前戲技巧與情趣篇章。

伴侶在愛愛完後，兩人對性愛感受有口述的機會很
重要（時間不宜隔太久），回味當時的戰況，若有一些不
明所以的表達或其他，則藉此釐清可能的誤會，另有建
議記得委婉的說，例如：「下次我想這樣做，能讓我更舒

服」以調整性愛體驗。性溝通的過程，不要追求完美，要給雙方時間去探索感受和形塑，重點是享受互動和學習的歷程，可以更增進親密感。

八、過與不及的性愉悅：

對味的性喜好，雖然是增進性愛動機的好條件，但由於這是雙人運動，在無法保證對方，都能為自己的喜好買單的情況下，如果伴侶長期無法配合，或滿足自己的性愛喜好（俗稱：性癖好），也將會缺乏性趣。因為牽涉到性的敏感話題（例如：在沒有好好溝通時，可能會讓伴侶誤以為自己沒有性吸引力，造成心理防衛及關係的逐漸疏離），所以建議尋找「對性議題」熟悉的專業工作者協助。

不過這裡還是會給一些建議，雙方可以開放、坦誠地說明自己的性愛需求和期望。當然對方是需要理解和接納的，假如自己的性喜好，剛好是對方的雷區，這時就需要用成熟的態度，去尊重對方的底線，因為性愛本來就是知情、同意的前提下才能做的，在追求性愉悅滿足的同時，不可忽略對方的感受喔。

而相反的，缺乏性幻想也是一個問題點，男性比較仰賴直接的性感覺刺激，對於性幻想，相較於女性是陌生的，也常發生在伴侶交往一段時間後，日漸平淡的互動生活。如此一來，當然容易性刺激不足而影響性興奮嘍。

❖ 番外篇──性愛無感問題

在愛情豐富的生活中，「性」是身體力行滿足的代表，不過現實是複雜的。每個人性與愛形成路徑都是個別化的，因為過程有不同生理、心理、家庭與社會文化的元素交織著。做愛無感和性慾狀態及性興奮的程度有關，意思是假如沒有很想做愛，陰莖也不夠硬，就會影響整體性愉悅而無感（有時也不是全然無感，而是與之前對比）。經常有人會是如此，但其實是爽的條件不足。

性愛無感是常見的性生活問題之一，以下我將探討性愛無感的一些原因，並提供幾個實用的方法與技巧，幫助那些在伴侶關係中感到困惑和迷失的人，重新燃起對性愛的激情。

> 性愉悅的強度會受生理、精神狀態、伴侶情感、互動和性感受經驗等方面影響。

❖ 小故事 7：私密處不滿足的呼喚，女人真要靠大根才能性高潮？

　　玲玲（化名），今年 30 歲，與男友交往一年，假日會見面並且做愛 1-2 次，與男友性行為時無感，我要玲玲說更多資訊，例如：如何無感，與之前性經驗比較有何區別？她說，與前男友做愛可以感覺到陰莖進入後，陰道有包覆感，很扎實很滿的感覺，進一步了解現任男友陰莖尺寸大約 10 公分，粗度在二指半左右。是還可以啦！玲玲微笑著說，可是不知道為何沒有以前經驗的那種漲滿感，我詢問做愛前的性慾與濕潤度是否都可以，她說都很正常的生理反應也夠濕，伴侶的陰莖硬度也 OK。接著問到前戲部分，她說伴侶的前戲會做，但技巧不怎麼樣……那有過高潮經驗嗎？玲玲說：有，但高潮感覺很弱，這說法雖不是第一次聽，但我很想知道與以往案例相比，是如何的弱法？這下她被我問倒了，回說：我也不知道怎麼說耶！那我換個問法好了，妳在做愛過程

中，能不能專注當下？性愛後有沒有愉悅的情緒和滿足感？玲玲說沒有滿足，也在過程中似乎是分心的狀況。那在想什麼呢？她回答說：總感覺伴侶不夠大，也不夠讓她興奮……（略）

❖ 小故事 8：無感性愛，性喜好的落差成為性生活殺手

阿賓（化名）28 歲，是個脾氣不太好的男性，經常容易有情緒產生怒氣，與女友交往三個月，且做愛無感，也無法硬挺太久，有時候還會控制不了而射精，或是還沒射陰莖就軟掉，為此他非常困擾。阿賓說，以前自己的性慾很強，一晚可以很多次，但對現在的女友就不會想。他還會跟前女友玩有趣的玩具，甚至有一次，在選購情趣用品的過程中已經開始使用呢！（前女友陰道裡塞著跳蛋，阿賓說到這裡，臉上露出回味愉悅的臉），阿賓說他們的性器都很合，前女友會潮吹爽到流淚，現在其實蠻在意女友不會潮吹。我問阿賓在性愛成功時，覺得自己在什麼地方想像或幻想，才能維持性興奮的強度？他說，就想著女友現在正被玩具玩到很爽，但總不能一直要我性幻想吧！……（略）

❖ 小故事 9：三度墮胎後，對老公的激情全無，進入 性愛冰川期？

小芹（化名）女性、30 歲，老公因為工作關係與她聚少離多，好幾個月才會碰面，做愛也是隔了很久才會有一次，小芹來諮詢的時候，說起老公，抱怨連連，回想與老公相識不久便結婚，這期間卻意外懷孕了 3 次，然後都以人工流產處理，這讓小芹的身心受到煎熬，小芹的工作很好，社經地位較高，且個性獨立，但不曉得那時候為什麼會看上他？說到這裡，小芹一陣的自我嘲諷，院長，說真的……我已經不愛他了，小芹深深地嘆了口氣……

我看了小芹說，我能理解一個女性，經歷了多次懷孕和流產，對身心肯定會造成一定的影響，而且這段時間是很不容易熬的……小芹啜泣地拭淚，說：我在基本資料上寫對性愛無感，其實是對他無感，我不想跟他做，連碰觸我都不想！

我將面紙盒拿到桌前後說：我能感受到妳在面臨多次流產後的創傷，以及在婚內的痛苦和不快樂，與先生已

經失去了愛和激情，對這份關係感到冷淡和厭倦，也後悔當初的決定，面對幼小的孩子，未來，妳也不知道該何去何從，這一切，都讓妳感到焦慮、矛盾與不安。我說完，小芹啪地一聲大哭起來！（很少顧客放聲大哭的，通常都還會忍一下，看起來，是真的壓抑很久了），我說，在這裡很安全，你可以盡情的釋放情緒。

一分鐘後（還是有把情緒縮回去），小芹回到啜泣狀態邊說，你知道嗎，我甚至不排斥和喜歡的人發生性行為。看到小芹對婚姻的不滿，以及想有激情和被關心的需求，我告訴她其實結束一段關係和修復重新開始，都不是容易的抉擇，這可能需要時間沈澱和釐清，才能看見自己真正的需求，在情緒過後，可以和先生開放的溝通這段時間以來，兩個人的感受。

最後我告訴小芹，關於決定並沒有標準答案，只有比較適合自己在深思之下的選擇，而每個選擇都需要勇氣，但是請記得無論最終如何，最重要的要往內心的平靜和自在靠攏，這段時間把重心放在關心自己上面，做一些喜歡的事情，和支持你的人聊天，給自己添加正能量。

三則故事，三樣情。玲玲在性生活中無法專注和投入，導致性愉悅感降低。阿賓是性表現水平下降，有勃起困難和無法控制射精的狀況，以及與伴侶性生活不協調的挑戰。小芹呢，因為墮胎的陰影，加上婚姻經營不善，出現了對伴侶嚴重的性無感，她也面臨人生的重大抉擇。這三個問題，牽涉生理、心理或關係等不同層面問題，需要根據個案情況分析原因，針對問題來源處理，才能改善性生活品質，建立自己想要的性與親密。

　　談到性愛無感，要先定義和區隔一下，不然很容易誤解。我的定義是，需要跟性慾低（性冷感）、性興奮低（弟弟軟、妹妹乾）的身體反應做分野，因為這是性行為前端啟動的性反應，而性愛無感指的是，過程中有性慾、能硬、能濕，且能進行抽插的行為，但無法有持續性愉悅的感覺。

　　在有性慾的前提，和硬度、濕潤度都可以的狀況下做愛，前面的條件都有正常運作，但後續的某些因素（分心、體感性刺激不足等）無法一直將性愉悅累積、堆疊上去，導致無法性高潮，我稱之為「制約型的性愛無感」。而性愛完畢有高潮／射精，但事後表明很空虛，做愛當

下和之後的感覺，有不符期待或是大腦事先已經設定好的感受，我稱之為：「空虛型的性愛無感」，即身體有高潮反應（通常是男性），但因為對剛剛的性愛回顧之後（發現差異），立即產生無感，至於女性則會因為焦慮情緒，和不安的心理狀態，雖有性興奮的反應，但卻對性愛過程無感，而此類結果通常就不會有性高潮。

> 註：性交有射精的男性，不要一直說自己性愛無感，男性射精前會先經歷高潮，接著才射精，所以基本上不能算是性愛無感，就是持續有性感覺，才能爬升到性高潮階段。不過，焦慮過度導致還沒碰或一碰就射精的狀況除外，因為射精速度快到感受不到高潮發生，這種情形性愉悅的感受就很微小。

很多人問我，為什麼做完愛之後，都覺得心裡空空的，或是覺得不夠爽？這可能不是單純的身體問題喔！主要還是心理層面的緣故，例如跟伴侶之間感覺不太親密，還有些信任問題或負面情緒，或是性喜好沒有被滿足，以至於做愛的時候無法好好放鬆和享受，等到高潮過後大腦醒來回顧，就覺得剛剛不夠爽，這是一種心

理感受蓋過生理的錯覺，事實上假如沒有那些負面的影響，做愛還是會愉悅的，因此找出阻擋滿足的那道牆就很重要。

就我遇到的案例來看，男女性有兩種情況與「性愛無感」很接近：

一、男性無法在做愛時，於陰道內射精，由於能興奮、勃起，只是性愛不能持續有感，這對男性來說是蠻痛苦的，等於做愛沒有性高潮。（這是遲射）

二、女性平時性慾就比較低，沒有高潮經驗或是極少，久了覺得做愛沒意思，若連分泌的愛液都不足，勉強自己以交差了事的心態去做，即使有潤滑液輔助，也會因為做愛的意願低，產生排斥感。（這是性慾低）

以上這些狀況，當然不會有好的性感覺。另外，對某些人來說，若與伴侶第一次性愛就無感，源頭可能是過去的情感創傷，自我壓抑或封閉，限制內心與身體的開放而阻礙了性感覺。

每次接觸到性交無感的 Case 時，我的迎戰數值就會猛然提升，立馬調到黃燈區（最高挑戰等級是紅燈），因

為性愛無感的情況不僅是身體和情緒上的問題，更是情感、認知或心靈層面的挑戰。從事性福助人工作以來，經常碰到說自己性愛無感的男男女女，我整理了一些學員在各種層面表徵的說法，如下：

一、生理層面：性慾下降；抽插時，陰莖、陰道沒有體感的愉悅、無法高潮或高潮感弱。

二、心理層面：排斥性行為、無性交滿足感、覺得伴侶無性吸引力、性交分心和有負面思維、性交後感到空虛、罪惡或有沮喪的情緒、覺得性生活乏味／像任務或義務。

三、情感層面：缺乏親密感、無法感受伴侶身心的連結、對伴侶沒有情感反應。

四、行為層面：避免親密接觸、交歡品質下降、缺乏前戲和後戲的餘韻、拒絕伴侶性需求、過度仰賴情趣玩具和性喜好。

仔細看以上這四點，其實都會相互影響，性愛無感問題背後的原因，可能和個人性經歷、性行為習慣、甚至是家庭、文化信仰有關，不能只看表面現象，也不是一

個方法適用所有人，每個人的問題點都不一樣，所以要針對個別化評量和設計處理方案。

性愛無感問題的核心在於，性愛時大腦感受性愉悅被阻礙，而沒有做愛舒服的感覺，除了要檢查性慾、性興奮的反應以及性愛時的情緒之外，也需要探索當事人的內心世界，包括不只是性愛上的自我開放與接納程度、還有情感的狀態、是否有情傷？療癒沒？以及對伴侶關係的真實連結性為何？當然後者需要付出的引導能量會更多，因為這種複雜的心鎖，需要花時間才能一一解開。他們從內心的親密脫離後，再次進行身體與性的連結。作為一名性福的引導者，我有幸見證和陪伴著許多走在性愛無感迷霧中的學員們，這是一場關於找尋和重回激情的挑戰。

性福小技巧（性愛無感的基礎解法）：

（1）在抽插時，先暫時停止呼吸，專注去感受陰莖、陰道摩擦帶來的性感覺。

（2）調整看Ａ片的習慣，專心去感受影片帶來的身歷其境，善用你的專注和性幻想。

（3）練習把 A 片重頭看到尾的方式，當然不要選擇 90 分鐘起跳的純肉片，可以挑選有劇情的，想像自己是主角投入情境，10 ～ 20 分鐘的短片蠻適合做練習專注在情境與性刺激。

（4）練習延宕性高潮：短時間就高潮的，練習在高原期（穩定舒服）之間持續一陣子忍住不高潮，之後在釋放高潮的感覺會很不一樣，延宕滿足的性高潮，會讓性愛有不同的愉悅感受。

（5）緩慢式的性愛：步調緩慢地（包含前戲、過程的抽插以及後戲），並以全心投入享受為主軸，搭配放鬆、專注、充足持續不斷的性刺激等的條件進行，會有意想不到的性感覺。

同場加映

一對夫妻，從高中時就交往，目前兩人年紀也還尚輕，卻已經進入了無性生活。妻子很努力希望可以迎合丈夫的性「喜好」，買了各種性感誘人的制服，但遲遲無法勾起丈夫的「性」致……面對這樣的用心，丈夫勉為其難地說：「對不起，我很謝謝你這麼做……但太刻意了

我反而沒辦法」！

妻子：「到底該怎麼做才夠呢？我不夠好嗎？」我說其實妳非常棒，因為想為伴侶而做，是非常不容易的事呀！但是依我的觀察，妳的丈夫是獵人心態，想要的是狩獵。而穿著學生制服的你，就做自己的事吧！準備好了，性的表現自然、自在即可，不用專注在取悅他或他有沒有感覺，就放空天真一點，角色扮演嘛，想像你現在真的是一個高中妹就好！他們聽完，妻子恍然大悟、丈夫眼睛一亮說：對，老師說的很精準，霎時諮詢室充滿了歡笑聲，一切又有了新的轉圜！

一百對伴侶問題，超過一百種狀況，性的溝通與互動，沒有最好的絕招，只有適不適合的方法。

（三）性高潮問題（過早射精、無法陰道內射精、陰道高潮缺乏）

從心理學的角度看，酬賞機制是驅使人類行為的一大動力，當我們喜歡做一件事，就是因為做的時候有快

感，如果一件事沒有快感，就會越來越不想做，性愛也是一樣。性高潮是人類性行為中，生理感受最強烈的愉悅體驗。它使人在生理和心理上同時經歷快感，一般人若是無法或不能有性高潮，就會覺得性交／性愛不滿足，也直接影響性生活時的開心不開心，還想不想要，所以性交／性愛與性高潮相互之間，有著密不可分的關係。

❖小故事 10：女友嫌棄才 2 分鐘！男友靠神經切除術也難持久

小志（化名）30 歲，曾進行過陰莖背神經阻斷手術（利用手術除去陰莖部分的感覺神經，使性敏感度下降，減少傳至大腦的性刺激而延長射精時間），術後有好一點。但是小志在諮詢時說，與女友做愛時仍難以超過二分鐘，每次想要延長時間卻越快射，而且幾乎控制不了。這也成為兩人分手的原因之一，為此小志感到非常難過和困擾，已有一段時間不敢追女生。

詢問小志從小到大的自慰，他表示小學六年級就開始打手槍至今，且因為與哥哥同住，環境受到限制，所

以都是在浴室進行，也需要快速完成。即使後來長大有自己的房間，這習慣仍然繼續長達 18 年未改變。談到他第一次性關係，是發生在汽車旅館的浴室與女友共浴，當時由於女友的裸體太吸引，讓他太興奮，加上慾望焦渴，兩人就在沒有使用衛生套的情況下做了，但事後他擔心會意外懷孕，兩人因此鬧得不愉快，之後關係也疏離了，這段情感也沒有維持太久⋯⋯（以下略）。

❖ 小故事 11：追逐刺激性愛，卻擋不住快砲

阿德（化名）32 歲，曾嘗試過多種方法處理太快射精的問題，但仍舊無法超過一分鐘，他越來越害怕性行為，因為感覺自己不能滿足伴侶，而伴侶的態度也讓他感到壓力，雖然伴侶沒有直接說什麼難聽的話，不過能從表情和態度感受到伴侶的不滿。

在了解性歷史時，阿德說以前喜歡在車上發生性行為，而且這是他熱衷的做愛方式沒有之一，由於前面幾任女友都不想跟他車震，所以當時女友也就是現在的老婆答應願意嘗試時，他興奮非常，結果那次做愛不到一分鐘就 Game Over，當時伴侶也沒有特別介意，阿德也就沒

放在心上，但隨著熱戀增加了性行為的次數，雖然場景還是在車內，但是車外的環境從風景區、天橋下、停車場甚至是路邊，有幾次甚至在白天的停車場裡，然而不變的是，嘿咻的時間依然很短！

接著婚後由於生活忙碌，沒有時間和機會這麼做，他說或許這是讓他對性愛感到沒那麼興奮的原因吧！因為在車內做，對他來說是一種刺激和享受，但很奇怪的是，當他在床上時他的性表現，也沒有因為比較不興奮而延遲射精，所以當個快槍俠讓阿德感到很挫敗。我問在人來人往的停車場做愛是什麼感覺？他說雖然擔心被人看見，但就是這份刺激的興奮感，讓他心心念念……（以下略）

❖ 小故事 12：特殊手法自己來，差點毀了性福生活

寶強（化名）39 歲，身體狀況不怎麼好，有心血管和代謝異常疾病。婚後與太太（37 歲）相處融洽，兩人也一直期待能有小孩，不過寶強的陰莖充血一直有問題，服用壯陽藥物後狀況有改善，但還是經常會有硬度不足，小弟弟無法進入完成性愛，最令兩夫妻感到洩氣

的事，是寶強在嘿咻時沒有辦法在陰道內射精，所以至今仍然孕子無果。

太太對性的態度是如何？寶強說，老婆在性生活方面其實都很配合，甚至會主動並且規劃做愛日程，比如在排卵期間積極的做。我說，那你有感到壓力嗎？他回答：當然有，所以很多時候硬不起來，再加上他沒辦法射進去，有好幾次大吵，幸好，兩人情感算好，都能修復。我接著問那自慰能射精嗎？寶強說可以，並說他的自慰方式是以坐姿，用手把陰莖按在床上，然後前後移動，達到高潮射精……（以下略）。

江湖上對愛愛的時間，充斥著男性必須持久的期待，不僅要硬的久，在活塞運動時也要撐得下去，不能太早就洩，若是這樣長久下去，你身旁的那朵花可能就會凋謝。確實，女性的性高潮相較男性延遲，若把控不好射精時間，是會讓伴侶失望的。但是，反之做愛時間不止久，還射不出來，還算是一件好事嗎？多年前我曾經問一位無法在陰道內射精的學員一個問題，我說，太快在陰道內射精，和無法在陰道內射精，兩種選一種，你選哪一個？他說：太快射也太丟臉了，我寧願射不出

來，讓對方爽，會有征服的感覺。

同為男性，此說法我能理解，這就是社會對於性愛要持久的傳統看法！我又問，如果太快在陰道內射精，和一直射不出來，然後太累陰莖就軟掉，也硬不起來了，二選一。他思考幾秒後說他選後者，我問他為什麼？他說，陽痿更慘。其實說到底，都是刻板印象釀的禍事，讓男性們在面臨一點落漆（表現不如所期）的狀況之後就開始擔憂，以至於產生各種心因性的性問題。事實上這類問題，只要把控制能力學起來就萬無一失了，進可攻（做久一點，慢慢爽）、退可守（射快一點，洗洗睡），然後允許自己有時候會發生失控的情形。總之只要理解這些性問題為何發生，再去因應、調整或改善，就會大大減少性焦慮和發生的頻率。

以上三個案例屬於男性射精不能控制的問題，而愛愛時焦慮是主要的原因之一。男性從青少年發育開始，家庭環境條件允許者（有自己的房間），孩子就有機會探索身體和性，其中包含自慰紓解性慾，但若是這些行為不當而養成習慣，就會形成日後在成人性愛中的阻礙原因，小志在浴室長達多年的自慰方式，也幾乎沒在控

制，已經養成觸發快速射精的反應，加上第一次性愛又是興奮、又是性慾高高、滿滿，又是在快速高潮的熟悉空間，當然射精耐受性是低的，之後對性愛的表現充滿擔憂，還沒做就已經焦慮（引發交感神經作用，更容易誘發射精），種種因素皆滿足了無法控制射精的條件。

而阿德的案例則與性行為的偏好，導致性刺激不足，無法累積性愉悅到引發性高潮有關，他過去熱衷於刺激的車震，由於生活變化和伴侶關係的轉變，無法繼續這種行為，導致了性滿意度的降低和挫敗感的產生。在提到沒時間做之前做愛做的事，好繞口。沒時間！是我最常聽到的理由之一，婚後伴侶不做愛可能是因為他們對性愛失去了興趣和愉悅感，婚前，雖然有各種各樣的壓力，比如事業、工作、家庭、社交等，但這些人還是能夠保持性生活的頻率。而一旦婚後，這些壓力可能就會壓倒性慾，讓人感到疲勞或心事重重，不能自在、專心地去享受，加上了無新意無聊的性愛，就會對性行為失去興趣。所以，重新喚起興趣和能有愉悅感，是解決這個問題的關鍵。當然，我們也需要先解決一些其他問題，比如親密關係中的相處互動。假如伴侶之間的愛

情已經在減退，那麼彼此之間的親密感可能不足以引發性慾。而愛情減退的原因往往是由於親密關係和性行為中的負面問題積累所致，這些會一直循環，影響著愛與性的持續。

最後是寶強的案例，他的陰莖硬度不足和陰道內射精困難，這問題的原因，在於本身有疾病，使充血的狀態受到限制，再者特殊的自慰方式，也讓寶強在性愛時，要高潮射精更為困難。另外，強烈受孕目的和壓力，使性愛變成播種行為，這些都對性興奮的影響頗大。

要解決這問題，首先需要減少壓力和降低焦慮，其次夫妻之間需要坦誠地溝通，瞭解彼此的想法和擔憂。他們也要明白做愛是為了彼此的親密感和性慾的滿足，與生小孩是兩碼子事，而生孕的前提，是要有一個穩固的親密關係與和諧的性生活，如此才能增加受孕機率。他們可以聊聊如何減輕生育壓力，讓性行為時，有更多關注彼此的情感和性愉悅，而不是僅僅作為生育的行為，夫妻相互理解和支持，就可以一起克服這個難題，至於無法在陰道內射精的部分，礙於商業機密，就交給專業的來嘍。

怎麼忍心不教一點，我來說一些 ^^。

射精控制問題可能是下列原因造成的（排除疾病或其他生理性影響）：

1. 太敏感：陰莖、龜頭太敏感，太刺激忍受不住，就會導致射精。

2. 太興奮：中樞神經過度興奮，也就是大腦太興奮，導致射精太快。

3. 太焦慮：引起身體的交感神經興奮，也容易快速觸發射精。

4. 太分心：沒有專注在性愛上，使性刺激條件消退，而無法射精。

5. 太不足：性刺激不夠，性愉悅難以累積到射精。

要解決這些太快射、射不出的性問題，首先需要瞭解自己的「射精閾值」高或低，因為它決定了射精的速度。

射精閾值是指：觸發射精最小的性刺激強度。用人話說，是男性對於性刺激的敏感程度。如果一個男人的射精閾值很低，那麼他對性刺激就會非常敏感，而且性愉

悅感上升快，很容易射精，那麼性行為的時間就會比較短。簡單來說，射精閾值越低，男性就越容易繳械投降（如示意圖）。所以改善方案即是「增加射精閾值」來提升戰鬥力，讓性的爽度上升緩和，避免暴衝。

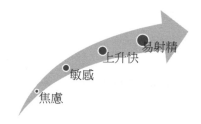

（圖 5）射精閾值低示意圖

關於過早射射，請記得越緊張、越焦慮，越容易引起射精反應。

控制射精，就像控制水流速度倒入杯子一樣（也就是性愉悅積累至高潮的速度）。水位越接近杯口，代表高潮射精即將發生。所以不想太快射精的人需要練習控制倒水的速度，慢慢地倒，一旦發現水位快要滿了，就要控制一下。而無法在陰道內射精的人則需要練習，倒水時避免進一點、停一下的情況，而是回到像自慰一樣流暢地，倒滿水杯的感覺。

性福自助訓練

一、自慰動停法：

透過自慰是最直接、實用的方法，也可先避免與伴侶做愛產生的焦慮，把自己練到一定程度，再進行實戰。開始自慰至臨界射精前停下，待射精感覺稍弱後，再繼續自慰，反覆操作，就能增強射精的忍受力，提升射精閾值。另外，最好要識別射精的分數點在哪，例如：射精是 10 分，不要等到上升至 8、9 分了才意識到要反應，太晚停下來，就會來不及煞車，就會撞牆（射精）。

二、強化PC肌：

練習強化肛門與睪丸中間的肌肉（會陰部位），它能幫助控制（煞住）射精，等於是煞車皮，訓練PC肌越發達，便能幫助射精的忍受力和控制力，也能增進硬度的表現，往名器前進。訓練詳情，於第四章性愛前戲技巧與情趣——緊緻與堅挺名器的自主練習。

想嘗試車震？這裡提供一些撇步供參考：

1. 要注意環境安全性，手煞車要拉好，最好是在後座進行。

2. 要注意隱私性，要有簾子遮蓋，也要防止被人拍照攝影。

3. 車門要鎖好，避免被強行進入勒索，劫財甚至劫色，危害人身安全。

4. 在前座進行要關引擎（電動車不用），車窗留縫隙，避免車內過熱窒息。

5. 後座體位一：女方坐於後座中央，並以兩側安全帶分別綁住雙腳，腳掌置於前座椅背上，男方以半跪姿進行；男女交換體位亦是。

6. 後座體位二：男方於後座先側躺，女方亦是，為側躺體位。

❖ 小故事 13：下面一直濕一直來，可就是高潮不到家

琳琳（化名）33 歲，是個很有想法的女生。她和男朋友感情很好，每個星期大概會做個兩三次愛，雖然身

體反應很好，很濕也會有快感，不過卻從未有過陰道性高潮，因此對兩個人的性愛，心裡總覺得少了點什麼。琳琳對性這檔事，抱持著正面積極的態度，為了滿足性愉悅，琳琳會自己來，也會以成人性玩具來探索自己的身體或陰蒂產生高潮。可是，就算在這部分花了不少功夫，性生活看似豐富，但心靈上的滿足感還是沒辦法到位。這種心裡空空的感覺讓她有點心煩和苦惱，也擔心性方面的自信與對伴侶的價值。琳琳問我：老師，為什麼做愛我沒有辦法性高潮？……（以下略）

❖ 小故事 14：美麗外表下的性慾秘密，開啟潘朵拉的高潮盒子

小真（化名）35 歲，貌美的外型，由於身材性感，給人的感覺很外放，很會玩也愛玩，這是小真跟我說的，許多人都是這樣認為。不過她說自己行為算保守，對性方面的態度倒是蠻正向的，能接受一些不同的性愛觀。小真的個性較為強勢、主觀，對事情的看法多數只有黑與白，比較不存在灰色地帶。

她一直以來都沒有過陰道性高潮的體驗，甚至當伴

侶摸她的乳頭時，也感覺不到任何快感，反而覺得不舒服，且私密處常常感到不夠濕，即使用潤滑劑也還會不適。她非常希望能有性愛高潮的感覺，但無論怎麼嘗試都沒成功，因此對性愛漸漸感到厭倦，不願再進行下去。也曾經嘗試過陰道 G 緊雷射治療，雖然陰道有些許緊實，但和男友發生性行為仍然無法達到高潮。至於自慰習慣，小真透露她會使用震動按摩棒，主要刺激陰蒂以達到高潮，並且會進行一些性幻想，比如觀看外表漂亮的女性做愛，或者有受到強暴和虐待的情節。這些幻想會讓她感到興奮，甚至會幻想自己被熟人欣賞身體私密部位的情景。

我詢問小真在性愛時，是否曾有意識到自己會去阻擋更舒服的感覺。她對此表示不太明白，我進一步解釋：性愛的過程中，腦海可能會出現一些與性刺激或性興奮無關的念頭。她經過一番思考後，說好像以前確實有一段時間會有這種情況，但她不知道原因。我請小真仔細回憶一下，小時候是否曾經看過什麼令她難忘的性愛片段？另外，還有那段做愛時容易分心的時期，生活中有何在工作、人際關係方面的不順利或壓力？小真說……（以

下略）

　　陰道性交高潮困難的性問題並不少見，有研究指出「認知行為療法」能提升性高潮能力和性滿意度，這種方法著重在改變態度和減少焦慮，（Meston, Levin, Sipski, Hull& Heiman, 2004）。此外，我在評量女性陰道高潮的缺乏時，除了生理健康因素：私密處經常發炎、疾病、用藥之外，也會關注心理和社會的因素，包括：生活壓力、負向情緒無法放鬆、親密關係不佳、對事情有控制習慣、性態度保守、性活動少（包含自慰）、有不愉快的性經驗，或是性刺激不足、過度性刺激（依賴陰蒂性愉悅）等。

　　故事裡的琳琳，之所以無法在性愛有陰道高潮，是因為太過專注最終結果，而忽略了過程的享受。以她的情況來看，能夠通過自慰達到陰蒂高潮，表示生理機能和敏感度並沒有問題，與伴侶之間的親密感也不錯。所以解決的關鍵在於調整心（大腦），不要給自己太大的心理壓力，並讓性愛回歸本質，專注於細節和快感的累積。

　　而小真無法在性愛達到高潮，的確與她腦海中自我設限的思維模式有關。她事先給自己訂下了種種「規矩」，

結果把享受、快感隔絕在外。此外，小真在大概 11、12 歲時曾經「不小心」目睹父母的性愛，由於長期的下意識去阻擋眼睛看到的場景，所以記憶的畫面其實已經很模糊，雖是如此，小真內心還是保留住那份震驚，也正是這份羞愧的感受，影響小真在性愛的頂峰體驗，而這也是她後來養成喜歡被看、被強制情節性喜好的源頭。

我告訴小真，性喜好、性幻想在性愛上是非常自然、正常的事。不經意看到父母的性愛不應該視為「偷窺」。我建議她需要調整心態，區分開這段經歷和自己的性幻想，不要讓羞恥感累積壓抑，影響性生活。接下來和小真探討如何打掉腦海中自我築起的圍牆，允許自己更為開放去感受性愛的快感。比如可以先在自慰時嘗試暫時不去理會那些「不可以」的想法，專心讓身體自然回應性刺激，伴侶也可以在整個過程給予鼓勵和安全感。

自慰和做愛確實很不一樣，自慰更直接、更容易，可以完全按照自己的節奏和方式進行，但與伴侶就需要更多的條件，如：情境氛圍、照顧對方的感受與喜愛等等的契合方式，所以琳琳需要放鬆心情，與伴侶更加緊密地進行一場水乳交融的翻雲覆雨，而不是抱持必須高潮，

這樣的期待只有壓力！

　　性愛時，大腦去辨識自慰比性愛更直接、更強烈、更容易高潮（沒有比較沒有傷害），是很困擾的習慣（也會發生在男性身上）。不過此思維是可以理解的，因為多數情況下，女性自慰會採取刺激陰蒂來達到高潮，但是陰道高潮的觸發條件，會因為伴侶的一些行為或狀況，打斷女性正在累積性高潮的要素，比如提前射精、突然停下或是變換姿勢，甚至很多女人不愛性愛的對話（就問妳舒不舒服），這些都會讓身體和心理上的性刺激瞬間消退，有時要重回上升階段，就會特別困難或是耗時。

　　對於這類無法性愛高潮的案例，我會建議在跟伴侶做愛前，盡量讓自己進入性趣高漲的狀態，若當下處於低性慾，也不必勉強。開始之後，在前戲時就盡可能加長時間、好好感受身心相互的接觸，幫助充分激發性慾。接著要排除大腦對自慰、性愛感受的落差，這會導致無法投入。再來，可以想一下性吸引和性刺激有沒有不足的地方？當然這或許跟性愛技巧好不好，或是對性愛模式單調而覺得無聊有關。

最後，為了改善感受落差的狀況，需要調整自慰的方式，去模擬真實的性愛，除了探索撫觸身上的性敏感部位，還可嘗試循序漸進讓陰道接受插入式的性刺激，然後同步配合刺激陰蒂，再進階到單獨以摩擦陰道的方式，最重要的是，自慰時要放鬆，盡量屏除雜念，專注體會、享受當下性刺激帶來的快感累積，只要阻礙的成分與環節沒有了，陰道高潮也會在不經意間發生，相信找到高潮的韻律之後，自然水到渠成，該來的總會來！

分享一個實務協助的例子，在 2021 年有一家國際知名 W 開頭，製作 sex toy 的品牌，當時這家公司正在進行一個全球性的活動，聘請世界各地的性學專家協助 20 對有性問題的夫妻，指導他們讓彼此的「情感和身體」關係變得更好，我正是台灣區專家的代表，而這個專業與商業兼具的合作條件之一是，使用該品牌的性輔具（伴侶共振器）成為性問題處理的主要訓練器，條件之二，受助夫妻需要由專家挑選適合的。

在開始執行為期幾週的課程成果顯示，有性交高潮困難的女性學員，在陰道臨界高潮的性刺激反應增加，且在不斷練習下，最終在二個月後達成陰道性交高潮的成

果，這裡要說的重點是，有時候利用性輔具能讓性問題的處理，例如引發性刺激和增加性敏感的訓練過程更輕鬆、更易達成。

性的高峰，是許多人追求性愛的終極目標。但是性愛不該只圍繞著結果，過程自己是否開心，跟伴侶是否有身體和內心親密的連結，才是關鍵。性高潮如同快樂出行，在旅途路上所看見的花朵，如果有機會或創造機會，就能採下欣賞，如果沒有，這一路還是一樣美好，別讓框架限制了性愛應有的樂趣。

以下分享學員，使用伴侶振盪器練習性高潮的心得：

說明：第一次練習是針對排除情趣用品的負面影響，以及一些前置的準備，例如：學習放鬆和感官專注等。

第二次練習：

我先練習讓自己有慾望後，累積想要性愉悅的期待感。當放鬆了，震動器打開碰觸時，很快就直接連結上一次舒服的感覺，很高峰的感覺，甚至直接很快的想陰蒂高潮。還有，院長教導可以模仿一些自己認可和興奮

的叫床聲，和結合肢體動得誇張一些，好像真能增進性興奮。

第三次練習：

振盪器進入已經沒有之前的異物感了，雖然有時候陰道還是會下意識去用力阻擋，但是也練習不要過度去感受，在來就是伴侶一起（幫忙我）到高潮像是一種失控的感覺，我自己來試的話，就沒有之前伴侶幫助的失控與慌張，不過我覺得那種失控感讓我有種滿足。振盪器產品觸感很ok也短，進入陰道沒有很進去的感覺。也沒有機器的感覺，傳統的會讓我陰道麻掉。

第四次練習：

我覺得我的性慾增強，應該是前面幾次都讓我很舒服，振盪器的觸感很像手指，形狀小巧適當，沒有異物感，不會擔心受傷。可以在抽插的時候一起使用，覺得很神奇，幾乎感覺不到它的存在。終於也在這次練習時，出現陰道內高潮的感受，這種感覺雖然不及陰蒂高潮那種集中感，但是那種比較長時間、較為舒緩的爽感，真的是一種很特別的體驗。

> 　我很榮幸有這個機會可以上課，讓我對情趣用品完全改觀，以前我不喜歡情趣用品，很硬、很冷、有塑膠的味道，尺寸跟造型都讓我不舒服，可是這次的體驗，讓我完全改變想法，原來觸感可以這麼好，並且可以增加陰道內的敏感度，讓我體會到陰道高潮的感覺，很謝謝。

▌（四）性交阻礙（女性性交疼痛／完全無法性交）

　做愛是令人享受，一件欣喜若狂的美事。可惜造物者賜予人類的美好禮物，對某些女性，卻成了一種無法品嘗的奢侈品，她們甚至不懂也不愛，對她們來說，這個聽來蠻好的性愛體驗，他們做起來不僅沒有如魚得水的歡愉，反而充滿了無盡的焦慮、緊張、恐懼，甚至劇烈的疼痛，成為一種折磨。

　我時常在服務案例中遇見這樣的困境，幸運的是，這些女性並非獨自面對，伴侶通常也會陪伴在側，一同尋求解決之道。根據專業書籍《性功能障礙評量與治療指南》所述，這種被稱為性交疼痛（Dyspareunia）源自希臘文 dyspareunos，其字面意思為「床頭伴侶不快樂」（林蕙

瑛（譯），2003）。指的是：性交的開始和過程，甚至結束後，性器官都會有疼痛的狀態。

從這個詞的由來，不難想像當事人在親密之事上，自開始的期待換來破滅，到後來的排斥，這中間的轉折，身心所承受的矛盾、痛苦，是一般人無法理解的。對於這些無法體會做愛之樂的女性，不應視為缺陷，而是一種需要被重視和處理的性問題。

❖小故事 15：從未體驗高潮就要生娃？做愛只剩疼痛不歡愉

小茜（化名），是一位輕熟的女性，目前對夫妻的性生活感到忐忑和焦慮。對於一位從未體驗過性愛愉悅，就要被期待生孩子的女性來說，不論是感受不到人家說的性歡愉，或是自然分娩難以忍受的疼痛，還是剖腹產後的各種後遺症，這些都讓小茜感到無助、焦慮不安、無法招架。從認識先生以來，在房事上的粗魯表現，就沒有讓自己在愉悅的狀態下達到高潮過，也覺得每次自己來，都比讓先生碰更感到滿足和快樂，對這些經歷小茜很失望、困惑，因為剛開始也期待著，能與先生有愉悅

的性生活，但現實卻不如人意。

小茜繼續說，性愛除了疼痛以外，先生也從未關心過她的痛，或是想要了解她為什麼會痛，也沒有安撫過情緒，伴侶只在意關心何時才能恢復跟他正常做愛！自己都還沒真正體驗過性的美好，疼痛就算了，還要承受後面的生產痛苦，那生完，我也都不會再讓他碰了！……（以下略）

以上可以從話語中，感受到小茜對性生活深深的掙扎，以及生育所帶來的壓力和恐懼。確實這種情況在許多夫妻之間蠻常存在，特別是對性生活和生育過程感到不安時，懷孕的心理恐懼會加重在性愛中的焦慮，而無法獲得身心的放鬆，更別說能有性愉悅和滿足了。因此小茜的婦科醫師有建議她先吃一段時間的避孕藥，希望能幫助她暫時排除懷孕的顧慮（為何不戴套預防！是先生堅持不戴套做），能更專注在改善性生活不適的問題，等到以後一切調理好了，想要孩子的時候再停藥就行，但是這些藥物的處理，並不能讓她的性問題解決。

對很多女性來說，做愛時疼痛的感覺是難以避免

的，尤其是當她們性慾低迷、沒有足夠的性興奮、只分泌少量的陰道潤滑，或是打從心底排斥做愛，在被迫的情況下就更容易產生疼痛。即使使用潤滑液來增加濕潤度，在插入抽出的過程中，疼痛仍然會集中在陰道口四周，感覺就像被撕裂一般的刺痛，而有時候陰道深處也會有悶痛，淺層也會有疼痛的情形發生。

還有一種更嚴重的情況是，陰道口、陰唇被碰觸都會覺得刺痛，和連一根棉花棒都難以進入，就更別提陰莖要插入了，這被稱為陰道痙攣的性問題，被認為是由骨盆底肌肉突然收縮引起的，不僅陰道入口處會痙攣收緊，就連陰道內壁也會劇烈緊繃收縮，形成一道無形的屏障，將任何外來物像手指、陰莖或情趣用品全部擋在外面，無法進入。

❖ **小故事 16：為何做足準備，也進不了秘密花園？**

小玉（化名）是個情緒挺穩定的女生，雖然性觀念保守，但還是抱有正面積極的態度。和男朋友談了三年多的戀愛，卻一直沒能成功做愛。小玉的身體很健康，可是一旦男朋友釋放出想親熱的訊號，比如輕輕碰她的肩

膀，她就會不由自主地發抖，心裡開始擔心又要「做那件事」了，想到這就會焦慮難安。

小玉說每次做完後，男朋友都會跟她聊彼此的感受，這讓她覺得特別有壓力，因為她只能說自己太緊繃了，也不知道為什麼，因此自信心大受打擊。她心想「自己怎麼這麼糟糕！別人都能做愛，為什麼我就不行？」我安慰她說：有很多人都有這樣的困擾，但我想妳並不會因為我說很多人有，心裡就好過吧！小玉點了點頭，她繼續說：最讓人困擾的是，每當男朋友的那裡要進入她的私密處時，就會莫名其妙地感到恐懼，雙腿夾緊，甚至好幾次都用力推開他後大哭，也曾因為這樣而爭執，更吵到要分手。

而男朋友的情況也不太樂觀，不僅在性愛時會軟掉，現在就連自慰也影響到勃起。他猜測可能和性慾有關，因為小玉很少拒絕他的性邀約，但他也很清楚小玉內心承受著巨大的壓力和不適感，看她如此痛苦怎麼會還有性慾？

雖然兩人的溝通態度一直很正面積極，不過就是解

決不了這個問題，無論準備什麼樣的玩具助興，就是進不去，最開始幾次小玉還能自己濕一些，後來不僅不能濕，連塗很多潤滑液也沒用，真是徹底沒轍了⋯⋯男友問：到底該怎麼辦？（以下略）

在《國際疾病分類標準》（ICD-10）第十四章中，專門列出了N94.1 性交疼痛症（Sexual Pain Disorders）以下簡稱SPD 和N94.2 陰道痙攣症（Vaginismus）以下簡稱VGM，這兩種與女性性功能障礙相關的疾病。其評估重點，放在是否由泌尿生殖系統的器質性問題所導致，如：感染、腫瘤、陰道萎縮等生理疾患，而排除心理因素的影響。不過有研究指出，VGM 緣於對插入性行為的恐懼、焦慮情緒產生的反應。在陰道前 1/3 骨盆底肌會有不自主的痙攣，典型患者常有自我羞愧、厭惡、受過度保護內向，伴侶則有溫順被動的特徵（Jeng，2004）。以及 1978年 Lamont 和 1979 年 Tollison & Adams 表明，器質性情況並非直接導致VGM，可能因古典制約形成防衛機制。這種制約可能源自曾對「性」有疼痛不佳經歷的心理恐懼，成為無條件的自然反射，但非所有痙攣都與之相關（林蕙瑛（譯），2003）。

從以上資訊看，雖然VGM在疾病分類中被列為一種生理疾病，但其實和心理因素是分不開的，更多是一種潛在的心理防禦機制作用，也就是說，並非所有痙攣都歸咎於器質性的原因，所以在協助學員時，除了生理因素需要考量之外，還要釐清來自內心的阻礙是什麼，處理完這些，才能接著改善不適和疼痛的問題，使她重拾對性愛、性生活的渴望和自信。

在我所服務的許多伴侶中，因為性交的疼痛，而無法正常進行性行為，甚至完全放棄了性生活的情況並不少見。大多數原因不只有生理方面的問題，更多的是心理層面的陰影在作亂。一些女性學員在談到「性」這個字時，會表示自己完全沒感覺。但實際上她們依然喜歡被愛撫、有接吻的親密行為，並且還是有愛意的，只不過如果性問題積累太久沒處理，就會有一旦被觸碰後，激起厭惡感和逃避的反應，這對伴侶關係的影響甚巨。

其他，對性較為保守傳統的態度，也是造成性困擾的一個重要原因。雖然有些女性曾經自慰過，但只侷限於陰蒂部位的撫摸，帶來生理上的舒服感，關於對性交的想像，可就是恐怖電影的級別了。

VGM 的女性除了對性愛陌生之外，通常還會呈現幾個共同點，首先，陰道口普遍較小，其次陰唇和陰道口對觸摸特別排斥和敏感，整體疼痛的忍受力也低，還有對事物會有掌控的習慣，例如：做事會事先計畫而且不能脫序，不允許自己身邊有未知不明的事物發生，最後是在成長過程中，缺乏性教育和身體的探索，而少部分的女性會有兒時被性騷擾的事件等等。綜合以上的條件集結在身上，要對「做愛有快感」，真的很難。

不過，有一個特別的現象，與前面提到的研究相似，但應該以溫馨或簡直可以用讚嘆來形容，就是VGM（陰道痙攣）的男性伴侶，大多數都表現得很包容和有耐心（不過在性交疼痛的問題方面，可能就不是如此了），因為他們能夠忍下來長時間無法圓房的無奈、挫折、沮喪、鬱卒等等，顯示了他們「堅忍」難得的情操。否則可能早就會離開，也不會陪著來尋求幫助了。另外，無論是長期分隔兩地的夫妻，還是異地戀愛的情侶，在女伴的門戶還不能對其自在敞開時，他們也常以自慰來解決性需求。

在面對這些性問題的過程中，男伴的耐心和陪伴非

常重要，可以幫助克服性困難，但要完全擺脫這些床上的性事困擾，單靠個人努力是很難的。所以，需要在專業人士的指導下，有系統的幫助，才能早日迎來性福的生活。

對多數人而言，性愛是一種簡單、快樂的體驗。但對於容易感到性交疼痛和性交困難的人來說，性生活可能就變得舉步維艱，我在諮詢室裡看過這些感到挫折、情緒低落，關係也因此變得緊張，但我也見證過當終於成功嘗到性愛的感覺時，雖然只是從不能插，到能進入，也不見得有多麼舒服，不過是從負向到正向的努力，戰勝害怕而得到的結果，但是那種從內心發出的喜悅，是無法用語言形容的，有些人甚至會喜極而泣。要克服恐懼並不容易，陪伴驚恐的伴侶也是一項艱鉅的任務。

> 我對他們的堅持和毅力深表佩服與敬意，絕對是真愛！

向愛愛疼痛說掰掰：（排除婦科疾病、不佳的性經驗和親密關係原因）

一、性愛前，洗個溫熱水澡，情緒和身體的放鬆很重要，確保對性愛無排斥感。

二、保持陰道口濕潤，最好陰莖、龜頭也塗潤滑液，減少剛要進入時帶來的不適。

三、插入時陰道口有緊繃或有刺痛感時，男伴停止動作，女伴深呼吸、待吐氣時同步陰道口放鬆，之後男伴在繼續深入，重複上面動作，直至完全進入適應擴張。

四、特定體位會痛時，利用身旁物品改善或可變換姿勢，例如：

（一）傳教士會痛，可能是雙方體型的懸殊。好比女方躺下後，因為臀部薄（瘦啦）的關係，陰道口位置就較低，當陰莖進入時，會造成高度落差，產生角度過大的問題，這時可用一顆枕頭墊在屁股下方。

（圖 6）

　　若屁股較厚，陰道口位置較高，男方可調整雙腿打開的角度，總之使陰道口與陰莖盡可能的平行，便能減緩因為角度產生的阻礙和壓力，避免疼痛了。

　　（二）後背位會痛，也是一樣的概念，陰道和陰莖保持平行。但是男性陰莖若太長，會頂到子宮頸口，造成女方悶悶痛的話，這時可以雙手扶在陰道口旁的臀部上，當男方往前插入時，因為雙手置於臀部前，腹部會先碰到自己的手，以此減少陰莖進入陰道的深度。

（圖 7）

（若有子宮或是骨盆方面疾病者，也較不適合此姿勢）

（五）能爽爽一直持續性福生活的四個核心關鍵

　　性福觀點來到最終章。人類的存續，「性」的地位
舉足輕重，性愛作為人類各種愛情的重要一環，也在親
密關係的份上，扮演黏著劑的角色。我長年專注於協助
人們性福議題的處理，從許多尋求性福生活的學員們身
上，歸納出能持續擁有令人高潮愉悅的四個重點，這四
大要素不僅能在性愛中，對性滿足有關鍵作用，也是我

創造性福技術的核心重點。

一、放鬆：

　　身上的壓力狀態和緊張、焦慮的負向情緒，往往是影響性反應的主要因素之一。焦慮的情緒會引發人體交感神經作用，此時副交感神經會被抑制，因為這兩者是互相拮抗的，只能有一個存在。而男性勃起與女性陰道濕潤的性興奮反應，是需要靠副交感的作用才能順利完成，所以焦慮等於會趕走性興奮。然而，生活之中有太多事會讓我們焦慮，工作、學業、健康、關係、經濟等等，我們很難一直保持心情的平靜、安心與放鬆的狀態，雖然無法控制這些外在變項，但仍然可以利用一些實用的技巧來調節負向情緒，使身體達到適合運作性反應的階段。

二、專心：

　　做愛時擁有集中精神，不受情緒與外界干擾的能力，在性興奮過程中是不可或缺的。當做愛的聚焦發散或有其他因素介入時，性刺激容易減弱而中斷勃起，這時候整個性愛體驗就會受到大幅度的影響。性愛的過程，全心投入情境是非常重要的，這不僅能讓雙方性行

為的互動順暢，且讓彼此可以感受到專注在你身上的那種激情，可以強化性感官的體驗，以及增強性快感達到性高潮的反應。

三、刺激：

性刺激是性喚起，啟動性興奮的關鍵概念。性刺激的種類多樣，可以從自我刺激和伴侶來的刺激中得到。在這方面，視覺、聽覺、嗅覺、觸覺甚至味覺等各種感官的參與，都能夠觸發身體的性反應。對於不同的人而言，某些刺激可能更具有性吸引力，這取決於個人的性偏好和感受。若是性刺激不足，硬度會回到初始樣態，就是會軟了、乾了啦！而性興奮的降低會導致性行為的不協調，就會不夠爽。

四、有趣：

保持性生活的新鮮、有趣，也是能持續性愛的重點。在我的實務經驗中，女性對性愛相比於男性，是比較容易感到無聊與無趣的，加上本書前面有提到過，女性性啟動的要素和條件相較男性也是比較複雜的，因此，女人就更容易性趣缺缺，當然這些說法還是存在個

別差異。總之，隨著交往和相處時間的堆疊，性愛的過程或者是說流程，都可能會變得單調、乏味而缺少激情，所以，伴侶之間的性生活，很需要進行性喜好的探索和創意。

以上，當滿足這四個關鍵要素時，性生活才能變得更加順暢、有趣、多姿多彩，並能夠持續享受性愛帶來的愉悅感。性福是許多人生活的重要追求之一，但想擁有美滿的性生活，有時並不是一件簡單的事情，因為很少人能常常掛上免事牌，所以當性問題發生後，需要專業管道的介入處理，這時我們就像要拼一幅複雜的拼圖，每一塊（問題）拼圖材料即使相似，細細看來卻是獨一無二的。

身為一名幫助他人性福的工作者，深知仔細聆聽當事人的故事是很必要的，而每當看到他們內心的痛苦和無助時，就更加體會到同理心的必然，只有設身處地去理解他們的矛盾、掙扎、徬徨或迷茫，聆聽他們的聲音和需求，我才能真正觸及問題的核心，找到解決性問題的關鍵所在，使他們重拾或創造有親密、有激情，充滿幸福的生活。

四、性愛前戲技巧與情趣

　　在學習性技巧之前，應該先訓練自己的名器，這裡指的是身體反應條件，而不是說成人用品喔。性器官反應的良好條件，是性生活順利和愉悅的重要前提，假如有了良好的性技巧，性反應卻是不佳，那麼性生活也難以如意進行。人體最大面積的性器官是皮膚，所以只要與大腦好好合作，任何部位都可能成為性敏感區，這也解釋了為什麼有些人的性敏感點與眾不同。在本書中，只介紹主流款的，就是神經分布較多的性敏感區域，而在學習性技巧時，也需要關注性器官的訓練，這時候若可以使用性輔助產品，便能有最大程度的協助，省時又省力，更讓身體對性刺激呈現最佳的反應。

（一）男性性敏感區

1、乳頭：神經數量不亞於龜頭，應該好好利用。

2、陰莖：龜頭冠狀溝和人字形繫帶是較敏感的部位。

3、陰囊：對某些男性有性敏感，用力把玩可能弄痛
睪丸，所以要留意。

4、會陰：位於陰囊和肛門之間的會陰區域。

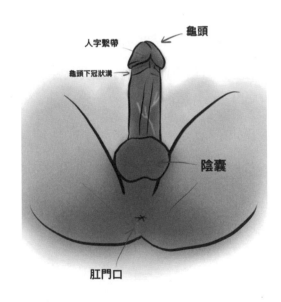

（圖 8）男性性敏感區

等等，這是巨鳥嗎？相比亞洲成年男性勃起平均尺寸（10~12公分），目測是很大一枝，我也不曉得為何插圖作者要畫那麼大一枝！可能是這樣看得比較清楚啦！

（二）女性性敏感區

1、陰蒂：是女性最敏感的性器官，通常是達到性高潮的主要部位。

2、陰道：內部的某些部位，如G點，可能對刺激按壓產生強烈的性反應。（G點位置，會於本章節（六）前戲技巧——手交的內容說明）

3、乳頭：對於某些女性來說，是非常敏感的性刺激區域。

4、頸部、腰側、耳廓、唇部：對於輕柔的撫觸、親吻可能引發性反應。

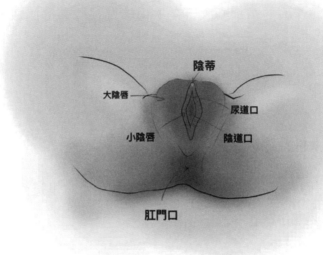

（圖 9）**女性性敏感區**

練習準備前：

1. 情緒是「放鬆」的，身心都能自在享受過程。

2. 時間有「餘裕」的，確保在充足的時間進行。

3. 空間是「隱私」的，確保在過程中不被干擾。

4. 氛圍是「情境」的，創造舒服、適合的光源。

5. 輔助品可選用「潤滑持久」的潤滑液。

推薦：

Funsexx 大麻香氛低溫蠟燭，創造一個放鬆及性愛預
備的情境

（圖 10）

JJTC 水感長效潤滑液
可保持較長時間的潤滑效果

（圖11）

（三）兼具硬挺訓練及愛撫功能的男性性按摩

開始：

深呼吸放鬆後，眼睛、大腦專注在媒介的性刺激上（影片或是性幻想），開始撫摸陰莖，並專注陰莖被撫觸的感受，微硬後即可開始按摩，記得抹上長效潤滑液喔。

1、旋轉法：

陰莖、龜頭充血後，以慣用手反手握著龜頭左右旋

轉，轉速依照個人喜好，主要是刺激龜頭引起性興奮而
勃起。

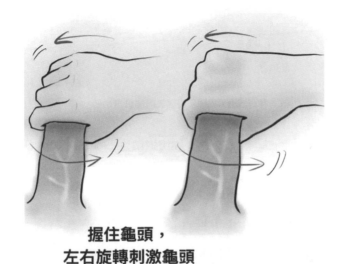

握住龜頭，
左右旋轉刺激龜頭

（圖 12）旋轉法

2、旋拔增敏法：

陰莖硬挺時，反手握住（虎口朝身體）陰莖，往前
轉動後順勢拔出，使手掌摩擦龜頭後，離開陰莖，並重
複此動作。

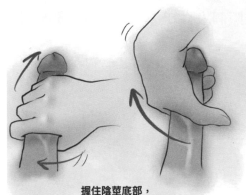

握住陰莖底部，
往前轉動，並順勢磨到龜頭後拔出

（圖 13）旋拔增敏法

3、左轉右轉法：

陰莖勃起後，雙手握住陰莖（可依照陰莖尺寸，調整手握的面積），同時轉動，並重複此動作。

（圖 14）左轉右轉法

以上按摩時間每項 1-3 分鐘，或視情況增加。想射精時需要停下，待消退時再重新開始，也可藉此增加射精閾值，射精耐受力。

　　　用於自己平日按摩練習硬度，或是性愛時伴侶的前戲手法都很可以。

（四）兼具親密感與愛撫功能的女性性按摩

開始：

姿勢準備：女伴躺在床緣或沙發上，雙腳打開屈膝，男性伴侶位於女伴陰部正前方，雙手虎口分別搭在女性雙側腹股溝位置。

1、拇指下滑法：以雙手拇指由上往下，輕按滑大陰唇部位，拇指從大陰唇上方，按摩下滑至陰道口下方處停下，並重複動作。

（圖 15）**拇指下滑法**

2、拇指拉提法：以雙手拇指由下往上，輕拉提大陰唇部位，拇指從大陰唇下方，往上輕按、拉提至陰蒂旁（不要碰到陰蒂）停下，並重複動作。

（圖 16）**拇指拉提法**

3、拇指打圈法：以雙手拇指由下往上，以輕柔、畫圈大陰唇的部位，從大陰唇下方開始，邊畫圈、邊往上移動至陰蒂旁處停下（不要碰到陰蒂），並重複動作。

（圖 17）**拇指打圈法**

（五）緊緻與堅挺名器的自主練習

作用：

可以讓陰莖勃起更堅挺、幫助控制射精，能使陰道更緊實，性愛時可以夾伴侶陰莖，讓他忘不了妳。

方法：

凱格爾肌（PC肌）訓練

開始：

先用手摸找出凱格爾肌（於會陰部位）。男性在陰囊
與肛門之間那塊隆起的肌肉，女性在陰道口下方與肛門中
間的部位，如果不知道就以尿尿中斷尿液時，會用到收
縮的部位，試幾次就知道了。

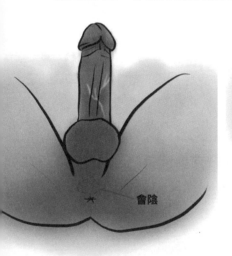

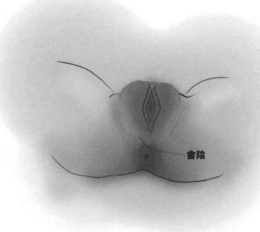

（圖 18）**男性會陰**　　　　　　　　（圖 19）**女性會陰**

練習重點：

1、開始用力收緊時，要將力道維持 3 秒，之後再

放鬆。

2、每次出力，需用盡全力。

3、依照練習狀況給予次數增減。

4、以下為練習次數參考：一組20～30下，每天2～5組（可分次）。

5、訓練時只有PC肌會作動，其他身體部位不能跟著動，尤其是臀部。

6、女性可搭配陰道置入凱格爾球（聰明球），讓陰道緊實練習更有效率。

> 注意：別在開車、騎車或需要高度專注力的工作時練習，以免發生危險。有陰道痙攣者不適合此練習。

（六）前戲技巧

1. 開始前的準備：清潔

除了需要仰賴體味引發性慾、性興奮的喜好以

外，身體各部位（包含頭髮、臉、口、腋窩、生殖器、肛門）都應該清洗潔淨，甚至需要留意耳朵異味（親吻時可能會游移去那裡），使性愛過程都更令人放心、不受干擾。

◆ 口腔：

異味來源：牙縫食物殘渣引起異味、舌苔和過多的牙結石影響清潔效率、牙周病等等。

✓ 處理方式：

刷牙並清潔牙縫及舌苔，並使用漱口水，最好定期洗牙結石，並檢查牙齒健康與口腔疾病的治療。

◆ 身體：

異味來源：吃重口味食物，由口腔和身上毛髮區的油脂分泌，與皮屑和細菌產生化學作用，進而產生異味。

✓ 處理方式：

盡量清淡飲食，或多喝水以促進體內代謝的循環速度；清洗身體時，可用適合自己膚質以及你和伴侶都

喜愛，且具有香味的清洗液，將身體易出油，和毛髮根部的皮膚油脂清洗乾淨。

◈　鬍子、指甲：

剛長出來的鬍子容易在親吻時，磨擦皮膚造成不適，因此要修剪，指甲也是一樣，不僅會刮傷皮膚也可能在手交時，劃破私密處黏膜，將細菌帶入體內造成感染。

◈　生殖器：

包皮、龜頭冠狀溝以及大小陰唇之間的皺折處，容易藏有排泄物與分泌物混雜之污垢，可用天然成分製成的專用清洗產品，徹底潔淨，不僅芳香還能增進親密接觸後的好感受。

備好衛生套、潤滑液，調整好燈光，營造好氣氛，準備開始嘍！不要急著光溜溜，前戲從脫衣服開始，更有性愛儀式的感覺。

推薦：（依喜好選擇）

Play & Joy POWERMAN 男性清潔乳，有香香名器，讓伴侶更期待。

（圖 20）

JJTC 女性雲慕斯，讓私密處散發自然、清新氣味，愛愛無負擔。

（圖 21）

2. 親吻：

◈ 親吻嘴唇時，別忘記可以深情地看著對方，並以唇輕觸伴侶的嘴唇，在慢慢、輕輕地的吸吮，之後依照喜好循序漸進，游移至頸部、胸前、肩膀或其他部位，主打一個挑逗，引起更強烈的期待感。

◈ 親吻胸部時，注意乳頭才是重點，但也不能一開始就直攻，一樣秉持先打周邊游擊再攻堅的原則，時而以手輕柔，時而嘴唇輕點，再往中心乳頭舔弄，記住除非乳頭的主人要求，否則請不要弄痛它。可多探索怎麼做能更舒服。

◈ 其他部位也是可以進行探索的，如：後頸、背部、腰側、腿內側、臀部等，也可以仿照上面的方式。

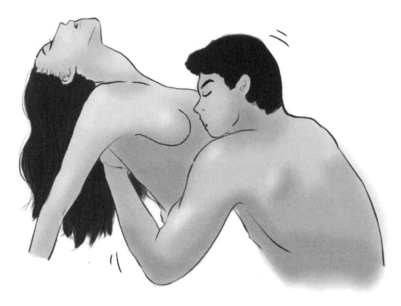

（圖 22）

被撫觸者就專心感受，被喜愛身體的感覺吧！

3. 撫觸：

◈　撫觸是一個需要練習的技巧，切記移動不能太
　　快和施力過大，宜用五指腹輕柔撫觸、慢慢移
　　動，假如手指上有粗粗的硬皮，趕緊處理吧！
　　還有平時可以多抹一些護手霜，保養這 10 隻珍
　　貴的金手指喔。

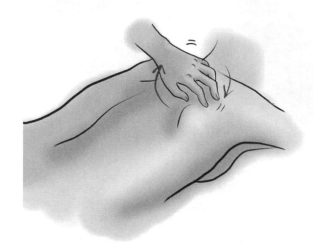

（圖 23）輕柔撫觸、慢慢移動

當然，喜歡手指是刺刺的粗獷觸感，使你感到性感、興奮，也行！

4. 手交：

◇ 手交是許多人容易掉漆的技巧之一，受到 A 片錯誤的演示，讓人誤以為只要動作快，並且用力抖動，陰部就會舒服，然而對待陰莖也是一樣，其實都需要講究技巧的。

◇ 陰蒂與陰唇的碰觸可以參考以下（有人不喜歡，

所以需被允許喔），男性先想像私密處是一個陣地，陰蒂是最後要達陣的地方，假如一開始就攻擊重要部位，風險太大容易失敗（伴侶不喜歡），所以先從外圍開始，例如從腹股溝開始撫觸到輕搔陰阜（陰毛區），再慢慢到大陰唇、小陰唇，用畫圓的方式，或是借助輔具羽毛，輕撫，都能撩起熊熊的慾火，最後看伴侶的反應（扭動變快、舒服感增加）差不多就可以進攻陰蒂，一樣以輕柔畫圓的方式，或是自己探索出來的技巧都可以。總之，由外而內再到重點、由慢到快、由輕到重。

手法：速度由輕＋慢、到重＋慢，再到加速輕＋快，最後高潮後，以手掌蓋住整個外陰，輕輕撫觸緩和。

◆ G 點指交，陰道內前 1/3 處的上壁大概是 G 點位置（以手指進入約第二指節處，對應往上的部位），但不是每位女性都對其有感喔。做法是以緩慢輕柔、按壓引起性愉悅感，重點是放輕鬆（不要一直察覺有沒

有舒服)、加上性幻想的探索,去享受發現的感覺就對了。

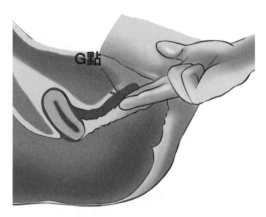

（圖 24）**女性 G 點位置**

某些人陰蒂敏感點在陰蒂旁 11 點鐘、1 點鐘位置。

◆ 　陰莖的手交,大部分不用什麼攻略,基本上男性對於性器官碰觸比較有直接的感覺,因此可以針對龜頭冠狀溝、繫帶部分進行摩擦刺激,或握住陰莖往上嚕到龜頭處,再往下,然後重複此動作。當然也可變化,例如:邊嚕、邊輕撫睪丸,或輕摳或吸、舔乳頭,引起更強的性刺激。記得塗上長效的潤滑液(可參考男性性按摩)。

5. 口交：

◆　口交的技巧百百種，多去嘗試就會找到自己喜歡
　　的。以下介紹：

女對男

（1）以舌頭舔弄龜頭、冠狀溝、繫帶，邊舔邊看著
　　　伴侶，同時刺激視覺。（有表情最好，什麼表
　　　情？當然是吃得津津有味色色的那種）

（2）邊吸、邊舔龜頭，同時握住陰莖手交，若能發
　　　出色色的吸吮聲或是嬌喘聲就太棒了。還記得
　　　左轉、右轉法嗎？可搭配口交，並同時刺激乳
　　　頭（或其他性敏感區）部位，讓男伴爽翻天。

（3）口交時，將龜頭含入嘴中，並摩擦口腔兩旁內
　　　側，拔出嘴巴時，也可在善用舌頭，無縫接軌
　　　繼續給予性刺激。而伴侶剛開始性興奮時，可
　　　以不經意地朝陰阜、龜頭或是陰囊，慢慢地集
　　　中小口（嘴巴呈小O）吹氣，會讓伴侶會有意
　　　想不到的驚喜喔！男同志可比照上述辦理

（圖 25）

男對女

（1）先以雙手十指指腹，輕觸腹股溝（台語俗稱：
　　該邊）的位置，使女方心情開始期待，享受口
　　交的情境，切記不要直攻陰蒂部位，從最外圍
　　的撫觸開始，搭配時而親吻、時而舌頭輕舔，
　　慢慢進到大陰唇部位，接著到小陰唇，最後才
　　是陰蒂，技巧部分不管是手或舌、唇，謹記輕
　　柔原則，由輕＋慢到輕＋重，最後以輕＋快，
　　加速直到高潮（若用舌頭的話：是時候展現真
　　正的技術了）。

（圖 26）由周圍外到核心輕舔

（2）69 式口交，兩人一起的經典口交招數，這不僅
　　能創造不同層次的前戲歡愉，更是信任彼此的
　　口交方式之一。

（3）可搭配口交專用的性輔助產品，最好是以天然
　　原料製作的。女同志可比照上述辦理

（圖 27）69 式口交

口交時用唇，避免牙齒碰到，需要多練習，熟能生巧。

推薦：

Play & Joy 口交潤滑液，增添意願與樂趣。

（圖 28）

（七）情趣方法

方法一：先談情後做愛

◈ 排除急躁、敷衍或是洩慾這些不真正享受的性愛思維，多說點情話，就是好聽的話，例如：稱

讚對方外表，美啦、帥啦、性感、身材好、火辣，還有感性的話等等，都是會很吸引對方的。

方法二：性愛的計畫

◈ 我很提倡性愛的事前計畫，例如：事前的約會、找一個有情調或刺激的環境等等，這樣可以有所準備，並累積期待和想像，減少突如其來的邀約，或是沒有準備而掃興的負面經驗。

方法三：進行性探索

◈ 了解自己與伴侶更多的性喜好，包含能引起性興奮的條件，如：服裝、性姿勢、身體性敏感區域、嘿咻地點或是角色扮演等，這些元素都能為個人創造不同程度的性刺激與性興奮。

方法四：分享性喜好

◈ 讓伴侶知道自己對什麼樣的性愛條件會興奮很重要，不然總是隔靴搔癢不到位，也會令人受挫。為了提升性愛的優質感受，聊起來吧！

技巧一：創造與執行性愛腳本

❖ 與伴侶聊自己的性喜好和性幻想很有趣，但前提是要接納喔！這技巧首推角色扮演：包括角色設定、角色關係、服裝、地點等包羅萬象的元素，這也是我學員們最喜歡的一堂課，兩人做簡單的劇情編寫或喬好之後，就能隨性的進到角色情境中臨場發揮，把之前知道伴侶的性喜好都在此展現，雙方開始體驗全新或刺激的性愛饗宴！

技巧二：使用性愛輔具

❖ 一起挑選情趣、助性的輔助用品，例如有香氣的潤滑液、前戲按摩油、專為性敏感區設計的情趣玩具、角色扮演需要的服裝和道具等，另外還有一些坊間能增進性愛樂趣的小遊戲或床遊牌卡。以上這些都能為性愛帶來不一樣的感覺，除了可以滿足性幻想，也讓性生活變得很有趣，不無聊喔。

推薦：

Play&Joy 古龍激熱加強液，提快興奮，增加敏感
體驗。

（圖 29）

JJTC 涼感潤滑液，增加性交時性器官的刺激感。

（圖 30）

（八）性愛結束後戲

性愛後戲是一種放鬆、愉快，令人回味的體驗，而每個人在性愛結束，或是性高潮後的身心反應都不一樣，有人傾向想緊密的靠近（擁抱），有人喜歡聊天、有人偏愛獨處。因此，後戲不能是一種強迫，與性愛一樣是需要尊重意願的互動。不過後戲對於「性與愛」是有好處的，接著我來提供幾個後戲方法，幫助彼此的親密關係，在這場性愛中得到更好的累積。

1. 放鬆身心：此刻的情緒和身體應該完全的放鬆，並允許伴侶在等一下的互動中，有可能會睡著，不能生悶氣或踢他下床喔（通常男人的生理狀態，會呼呼大睡）。

2. 舒適的時機：因為過程中的汗和分泌物可能產生氣味而影響互動，所以有些人有立刻清洗的習慣，若有共識一起清潔順便後戲，既能讓身體舒爽，又能延續親密時刻，總之，需要一個舒服、適當的時間和狀態進行後戲。

3. 表達愛與親密：親吻、擁抱和甜甜之語，甚至也不用說話，看著對方的眼睛，能加強彼此的情感連結。

4. 性溝通：如果兩人都還有精力可以好好聊聊，來場美好的事後回憶，可以互相誇讚和肯定對方，是如何讓自己興奮、酥麻、開心（如果在過程中就說完了，代表你很棒）。如有什麼技巧或感覺的問題，可用委婉的方式說出，好比：剛才我很舒服，下次可以這麼做，會讓我更愉悅！這樣不但表達了自己的需求，也不會傷害到對方的自尊心。

> 切記：性溝通時不做負面連結，認為對方提出等於在抱怨，性與愛一樣都需要客製化照顧對方的需求。

5. 一番激戰過後，身體要有一些保養，除了排尿及補充水分外，私密處可以進行簡單的照顧，防止感染和修復及滋潤，再來可以好好睡上一覺補足精神，以便再戰。

推薦：

Play&Joy 女性玫瑰緊實潤滑液，蛋白精華兼併保養與滋潤。

（圖 31）

▌（九）啪啪後補給，如何補充性愛消耗的能量

在享受甜蜜、酥麻的激戰後，許多人可能沒有意識到，人體其實也在不知不覺中消耗了大量的能量和營養素，單純喝水已經不足以補充身體所需，這時要一些有營養的食物來平衡這些流失，包括電解質、蛋白質、維生素和礦物質等，例如：香蕉、水煮蛋和無糖豆漿等等，都是不錯的選擇，這些食物不僅營養豐富，熱量低，也

容易在便利超市中找到。此外，優質的油脂堅果和澱粉地瓜，它們能提供能量入注，幫助身體恢復體力。另外，低糖的運動飲料也是補充電解質的替代選擇。但請盡量避免吃精緻澱粉或高熱量的油炸食物，這樣反而會讓身體累上加累，阻礙修復過程。

　　許多學員常會問我，我都怎麼保養，如果家裡沒有吃的，或者懶得出門，該怎麼快速補充能量？我的建議是，像使用一瓶多功能、全方位的面部保養品一樣，可以選用保養食品，好比很夯的瑪卡，這些市售產品不僅方便，還能夠迅速為身體補充啪啪後消耗的體力，以及縮短不應期（在身心健康的狀態下），讓你能輕鬆、快速有效率，迎接下一次的愛愛時刻！

推薦：

益Ｇ威猛錠（超濃縮 6 倍黑瑪卡）國際 26 項專利，完全不含西藥成份及興奮劑。

（圖 32）

五、性問題快問快答

（一）為什麼男生喜歡女伴學Ａ片反應？

這些男性的大腦，習慣Ａ片引起的性刺激而有依賴了，不過話說回來，性愛需要性刺激，那為何不滿足對方呢？答案可能是親密關係不佳，不想為對方付出，或是對Ａ片有負面看法產生排斥感。

（二）做愛頻率的公式準不準？

不準啊，因為每個人的性慾望不同，而做愛頻率又不止與性慾有關，原因蠻複雜的，所以不能就這樣套上標準。我記得這公式是一位泌尿科的醫學教授提出的，目的是鼓勵男性定期清槍（射精），減少攝護腺疾病發生。

（三）為何老公寧願打手槍，也不想做愛？

自慰是正常且安全的性行為，想自慰的慾望不能與性愛比較，如同正餐和副餐一樣，皆是需求而已，但問

題若出於伴侶關係中，其中一方想要吃正餐（性愛），這時後，你就不能只吃副餐（自慰），要照顧到均衡的營養（伴侶和諧的性生活）。

> 註：自慰時，有時候常會因為時間（長）的關係，造成陰莖皮膚乾燥，建議可以使用潤滑產品輔助，避免脫皮。

推薦：

JJTC 手滑液

（圖 33）

（四）假裝性高潮好不好？

當然好而且需要，不管怎樣看戲就要入戲，才有 fu 才到位嘛！做愛是兩個人的事，讓伴侶知道妳也爽，是

天經地義的事，有時候演出性高潮不僅能讓對方感到性興奮、滿足和自信，也能讓自己在性愛中不至於總是無感、不滿足的那一方，當然，性高潮缺乏的問題還是要處理，弄好就不用假了。

（五）為什麼女性產後不喜歡性愛？

女性產後不喜歡性愛的可能因素，除了泌乳素影響的生理因素之外，家庭、家事責任分配不均、缺乏體貼關懷的伴侶等也可能導致這種情況。女性可能因為同時還要承擔著工作、照顧孩子、做家務和侍奉公婆等，身兼多職而感到疲憊，這會降低她們的性慾望，加上如果伴侶缺乏理解和體貼，性慾望就會進一步受到影響，更導致親密關係受到挑戰，因而造成長時間的性生活停機。

（六）為什麼有人會想要開放式關係？不奇怪嗎？

這個問法，就如同不能理解為何愛斯基摩人招待客人的方式，就是讓老婆陪睡一樣。由於主觀意識限制我們的想像，其實人類世界的關係、行為甚至是信仰，都是從不同的環境，塑造出有差異性的風俗與民情，不能用一種標準去規範全地球人，開放式關係是一種多元性慾與

多元情感的表現，實施也很有規則，需要以合意、誠實為基本條件，這一些關係形式也存在要經營、彼此講求信任、甚至忠誠與界線喔。其實啊！人類就是多元的物種，我們以尊重為前提下，見怪不怪。

（七）NoFap 戒除自慰和色情對身體是好的嗎？

現代醫學研究證實自慰無害，需要了解為何主張戒除。假如是因為看了某些自慰危害健康的論點，就必須回到科學去看驗證即可解釋疑惑。一般認為自慰不好，是因為持有負面看法，卻無法戒除導致身心矛盾和焦慮，影響健康。此外，不應過度放大色情存在，就像水無害，但過量飲水可能導致水中毒一樣。

（八）跟另一半做愛為何不能正常射？需要靠手？

多半源於長期的自慰習慣導致，一直仰賴某種特定方式進行高頻率自慰，大腦會形成射精習慣性條件的操作制約，一旦條件改變，如與伴侶做愛時，大腦難以獲得以往習慣高潮射精所需的刺激，就只有回到原有的自慰方式才能射精。

（九）很常手淫，最近交女友發現為何做一半會軟掉？

過程中陰莖疲軟的主因是大腦的性刺激不足，可能原因還包括：身體生理狀況不佳無法維持勃起條件、過度焦慮導致交感神經抑制勃起、無法專注投入、無法獲得充分性興奮、精神狀態緊張不放鬆妨礙性興奮產生。註：手淫的淫字帶有負面觀感，對自己的性器官進行性刺激引起性興奮、愉悅是自然、正常的行為，所以用自慰或是性自娛，是比較適合的詞。

（十）為什麼我不太喜歡先生碰我身體？

從經驗看，很像碰觸厭惡，伴侶對先生的碰觸會產生不悅的情緒，原因可能是大腦沒有經過思維就與做愛連結，引發負面情緒的反應，這通常源自過去不佳的性經驗，需通過專業人士協助，重塑大腦對接觸行為的正面聯想，逐漸減輕厭惡感，才能避免影響親密關係。

（十一）女性潮吹真的很爽嗎？

潮吹（女性射液），從陰道口旁的斯基恩氏腺分泌（有受訓練者甚至可以噴射），由於數量較少不容易察覺。很多人看A片被灌輸女性在性愛時，陰部噴射液體，表

示非常爽的觀念，雖然視覺上能夠引發性興奮，這沒毛病，但要明白不是所有女性都會。不過，女性在做愛產生極度舒適時，可能會出現類似想要排尿的感覺，這時候若不受心理上羞恥感的約束，或擔心床單被弄髒，而是完全放鬆、享受此刻，可能會帶來意想不到的性愉悅體驗喔。註：A片潮吹，女優會在拍攝前大量喝水，創造出噴射大量液體的視覺性興奮效果。

（十二）女生多久能達到陰道高潮？

一些研究資料顯示平均大約落在 10 分鐘或以上，但是陰道高潮不容易發生，原因是陰道的性敏感不如陰蒂，且陰道性交可能充滿干擾，使高潮出現不易。關於女性高潮的議題，我一律建議，只要在放鬆、專心、性興奮充足的狀態下去享受，其他就別太放心上，該來的就會來。

（十三）為什麼女人、男人不喜歡口交？

人們對於口交存在不同喜好程度，不喜歡口交的原因可能有，傳統保守觀念、對性器官衛生狀況的顧慮、無法接受性器官氣味，以及過去不良的性經歷留下的心理陰

影。由於口交是常見且易讓伴侶興奮的性愛技巧，如果想處理這類問題，建議尋求專業協助加以解決，增加性生活的樂趣。註：如果有試過許多改善方式，都還是一樣無法克服，就別勉強對方了吧！若這正是你們的性愛紅綠燈（你很喜歡，對方很不喜歡），那麼就要好好找出另外平衡的方法。

（十四）男性叫床不奇怪嗎？

一點都不奇怪，有這樣的想法可能是因為，社會對於男性的表現，應該更沈穩不輕易透露感受的傳統思維所限制。其實在做愛時，雙方發出聲音是很重要的反饋，這些聲音代表我們正感到舒服，也是對伴侶技巧的肯定，讓對方知道做得很好。同時，這些聲音也會刺激伴侶，會更努力地使自己滿意。聽覺刺激也很重要，雙方可以嘗試說些情色的話語，讓伴侶透過聽覺得到更多的性刺激，這會讓彼此的性反應更好，性愛過程更佳愉悅。註：但叫到讓人覺得吵，就過分了！

（十五）如果伴侶（女性）不喜歡用潤滑液或是情趣用品怎麼辦？

有些女生不太願意用潤滑液，可能是因為她們覺得自己濕潤不足就像男生勃起不夠硬一樣，覺得不自在。另一方面，有些人可能覺得用潤滑液有點不正經，認為女生不應該用這些東西，可能是受到了色情片負面標籤的影響，其實，潤滑液很方便，能讓做愛過程更順暢，情趣用品也可以增加性生活的樂趣。我們應該改變對這些東西的看法，更加開放地接受它們。註：太專注在情趣用品的使用，比如面對伴侶，沒有用就不做，對性愛不是一件好事，做愛角色的核心還是要放在伴侶的主體上。

（十六）男性、女性最愛的性姿勢是什麼？

主流三款性姿勢：女下男上位（傳教士）、女上位（騎乘式）、後背位。這些姿勢是比較為人熟知和接受的。傳教士姿勢中，女性躺在下面更放鬆，男性可以展現主動，滿足對方的角色，感受征服的快感。女上位姿勢更容易刺激陰蒂，因此女性更容易達到性高潮，而男性可以看到女性主動狂野的一面，激情盛景盡收眼底。後背位是一種感受上的進階，強調的是女性被撞擊甚至

能感到臨界昏厥，所帶來的強烈痛爽感，男性則在這個姿勢中享受駕馭的快感，此姿勢能夠使雙方獲得更刺激的性愛。

（十七）要如何讓女人喜歡做愛？

要讓女人喜歡做愛，就像讓厭奶期的嬰兒喝奶一樣，喜好或是慾望的突然變化一定有原因，無非生理、心理和關係三個方面的因素。一些產品或玩具被宣稱可以幫助女性恢復性慾或喜歡做愛，我想女性自己知道，這並不可能。本書針對此題已有答案，這題就算是我的唯一考題嘍，去翻書^^！

（十八）男人和女人做愛的年齡可以到何時？

男性在健康情況下，到老年仍然可保有性生活，從百歲人瑞當爸爸就是一個例子，而女性停經後可能面臨陰道乾澀導致性愛困難，但拜科技所賜，使用產品即可改善。另外老年人若難應對性行為需求時，可嘗試其他滿足方式，如性輔助用品、擁抱、親密性按摩方式等替代，老年人的性生活是需要被重視和理解，以及能有良好的溝通。

（十九）老公抱怨私密處暗沈，讓他沒有性慾

多數男性的性興奮仰賴視覺和聽覺，其中看起來秀色可餐很重要，許多女性因為身體和私密部位的狀態不佳，如：黑黑的、乾乾的，造成賣相不佳，影響男人的性意願，其實可利用一些有檢驗合格標章的產品，滋養及保濕女人的秘密花園，氣色好就會減少伴侶拒絕的機率。

推薦：

JJTC 慕白私密美妍膏

（圖 34）

（二十）現代人性問題很多嗎？都會去尋求治療嗎？

　　各類性問題的發生率其實不低，從 2% 到 50% 不等。從網路上大量性相關文章和各式各樣產品的需求，就知道人們對性生活的關注程度。不過，在尋求幫助的態度上不盡相同，有些人一遇到性問題就會積極尋求解決，但也有些人由於傳統觀念、害羞、工作忙碌或逃避心理而拖延不願面對。其實，只要將性問題視為人生中正常的「問題」去對待，不貼負面標籤，面對並處理就好了。人生中問題不會中斷，重點是願意正視並解決。

（二十一）在處理性問題會碰觸身體嗎？要脫衣服嗎？需要現場做愛嗎？

　　雖然外界存在處理性問題時，會有露骨做法的疑慮，但事實上我們的方法是絕對的專業，沒有任何色情之處。首先評估性問題原因，若為生理因素則建議，先就醫處理身體結構阻礙和疾病，之後再從心理、關係、性行為等角度給予疏導、訓練，整個過程不需當事人在場脫衣或做愛，所有練習均在專業訓練室進行，私密環節也會給予足夠隱私空間。作為專業人士會嚴格自我要求不移

情及產生性反應，練習時使用仿真模型而不接觸私密部位，若有需要現場指導的情況，也必須由專業人士評估過後，並獲得當事人書面同意以及助理或第三人在場陪同才會執行，但這種方式在多年來，也只發生過寥寥數次。

▨ 後記

從打開電腦打了第一個字，到交稿歷經十個月（2023/05~2024/03），期間除了本職工作北中南的跑，有博士班的書要唸、滿滿報告要交，還接到凱爾莎集團旗下品牌 r-Xing Life 阿性親密生活的新書邀約，更於 2024 年 2 月在樹德科技大學開了一門課——戀愛行為學，開放選課後，很快就額滿喔！（有點小得意，課名取的好）我十月懷胎的孩子，在這近一年不可思議的忙碌日子裡，終於還是順利誕生。

首次寫書，想寫的超級無敵多，巴不得細節全寫滿，但性福議題的廣，非一本書就能涵蓋。在剛開始構想此書的內容時，我就在想，許多時候大家對性愛，是否都太關注在「如何讓性更爽」的手段上，卻忽略了個人性健康狀況和伴侶互動的前因後果，或是性與愛之間密切連結的綜合觀呢？所以我的內容與介紹性愛技巧和提升性愉悅的書有些差別，更多在分享各種性問題的成因或歷程，讓閱讀本書的讀者們，能理解常見的性問題以及特殊的性議題，並知道如何簡易的排除或改善。

對了，本書的內容資訊若有誤，或不理解文／圖的意思，也請務必聯繫我，做一些必要的修正與說明。最後，希望我的寫作，能夠貼近讀者的生活和感受，期待你們在閱讀之中找到共鳴，看到答案，實現更多與伴侶「親密」和「性福」的可能。

　　在我五十歲這年，終於能完成多年前規劃的大事，喜悅之情真的溢於言表了。

本書獻給想「擁有性福生活的你們」

鄭義鑫

■ 參考文獻

阮芳賦、林燕卿（2003）。**人類性學**。台北：華騰文化。

林蕙瑛（譯）（2003）。**性功能障礙評量與治療指南**（原作者：John P. Wineze，Michael P. Carey）。台北：性林文化。

林蕙瑛（譯）（2011）。**不要讓床冷掉-如何成為一位性教練**（原作者：Patti Britton）。台北：心靈工坊。

徐翊健、高廉程、張杰、葉大全、黃郁絜、黃鈺蘋、鄒長志、趙培竣、羅佑閔閎（譯）（2022）。**DSM-5精神疾病診斷與統計**（原作者：American Psychiatric Association）。新北：合記。

張本聖、徐儷瑜、黃君瑜、古黃守廉、曾幼涵（譯）（2017）。**變態心理學 三版**（原作者：Ann M. Kring, Sheri L. Johnson, Gerald C. Davison, John M.）。台北：雙葉書廊。

陰蒂。（2024，February 15）。Retrieved from 維基百科，自由的百科全書：https://zh.wikipedia.org/w/index.php?title=%E9%99%B0%E8%92%82&oldid=81097457

黃一勝（2016）。**男人的性功能與保健**。台中：晨星。

簡邦平、蔡維恭、陳卷書（2023）。**男性性功能障礙臨床診治全攻略**。新北市：合記。

Butler, M. H., Dahlin, S. K., & Fife, S. T. (2002). "LANGUAGING" FACTORS AFFECTING CLIENTS' ACCEPTANCE OF FORGIVENESS

INTERVENTION IN MARITAL THERAPY. *Journal of Marital and Family Therapy*, 28(3), 285-298.

Fife, S. T., Weeks, G. R., & Gambescia, N. (2008). Treating Infidelity：An Integrative Approach. *The Family Journal*, 16(4), 316–323. https://doi.org/10.1177/1066480708323205

Hite, S. (2003). The Hite report：A nationwide study of female sexuality. Seven Stories Press.

Jeng, C. J. (2004). The pathophysiology and etiology of vaginismus. *Taiwanese Journal of Obstetrics and Gynecology*, 43(1), 10-15.

Kaplan, H. S. (1979). Disorders of sexual desire and other new concepts and techniques in sex therapy. (No Title).

Masters, W. H., & Johnson, V. E. (1966). Human sexual response.

Meston, C. M., Levin, R. J., Sipski, M. L., Hull, E. M., & Heiman, J. R. (2004). Women's orgasm. *Annual review of sex research*, 15(1), 173-257.

Miller, B. L., Cummings, J. L., McIntyre, H., Ebers, G., & Grode, M. (1986). Hypersexuality or altered sexual preference following brain injury. *Journal of Neurology, Neurosurgery, and Psychiatry*, 49(8), 867.

Puppo, V. (2013). Anatomy and physiology of the clitoris, vestibular bulbs, and labia minora with a review of the female orgasm and the prevention of female sexual dysfunction. *Clinical Anatomy*, 26(1), 134-152.

Selterman, D., Garcia, J. R., & Tsapelas, I. (2021). What do people do, say, and feel when they have affairs? Associations between extradyadic infidelity motives with behavioral, emotional, and sexual outcomes. *Journal of Sex & Marital Therapy*, 47(3), 238-252.

Wéry, A., Schimmenti, A., Karila, L., & Billieux, J. (2019). Where the mind cannot dare：A case of addictive use of online pornography and its relationship with childhood trauma. *Journal of Sex & Marital Therapy*, 45(2), 114-127.

一心教你重拾性心

執業性學專家鄭義鑫，為你解答性問題、性治療、充實性知識的性福教戰手冊

作　　者／鄭義鑫
出版統籌／時兆創新（股）公司
出版企畫／時傳媒文化事業體
出版策畫／林玟妗
出版經紀／詹鈞宇
封面設計／阿衛
美術編輯／二馬

企畫選書人／賈俊國

總 編 輯／賈俊國
副總編輯／蘇士尹
編　　輯／黃欣
行銷企畫／張莉滎、蕭羽猜、溫于閎

發 行 人／何飛鵬
法律顧問／元禾法律事務所王子文律師
出　　版／布克文化出版事業部
　　　　　115 台北市南港區昆陽街 16 號 4 樓
　　　　　電話：(02)2500-7008　傳真：(02)2500-7579
　　　　　Email：sbooker.service@cite.com.tw
發　　行／英屬蓋曼群島商家庭傳媒股份有限公司城邦分公司
　　　　　115 台北市南港區昆陽街 16 號 8 樓
　　　　　書虫客服服務專線：(02)2500-7718；2500-7719
　　　　　24 小時傳真專線：(02)2500-1990；2500-1991
　　　　　劃撥帳號：19863813；戶名：書虫股份有限公司
　　　　　讀者服務信箱：service@readingclub.com.tw
香港發行所／城邦（香港）出版集團有限公司
　　　　　香港九龍土瓜灣土瓜灣道 86 號順聯工業大廈 6 樓 A 室
　　　　　電話：+852-2508-6231　　傳真：+852-2578-9337
　　　　　Email：hkcite@biznetvigator.com
馬新發行所／城邦（馬新）出版集團 Cité (M) Sdn. Bhd.
　　　　　41, Jalan Radin Anum, Bandar Baru Sri Petaling,
　　　　　57000 Kuala Lumpur, Malaysia
　　　　　電話：+603- 9056-3833　　傳真：+603- 9057-6622
　　　　　Email：services@cite.my
印　　刷／韋懋實業有限公司
初　　版／2024 年 6 月
定　　價／380 元
ＩＳＢＮ／978-626-7431-75-7
ＥＩＳＢＮ／9786267431764（EPUB）

城邦讀書花園　布克文化
www.cite.com.tw　www.SBOOKER.COM.TW

∞ SEX

市售唯一咬的瑪卡錠

打破良藥苦口的偏見

一錠讓你很 性福

複方成分

∞ SEX

ENERGY
B◆◆STER

☑ Peru Black Maca
☑ Polygonatum sibiricum
☑ Withania somnifera

益G威猛錠
滋補強身 精力旺盛
600%黑瑪卡｜黃精｜醉茄
60錠

益G威猛錠

益G威猛錠體驗包 (12顆入) 領取地址：

需要加 官方LINE ID：@sh.e 取得聯繫預約日期之後,在前往門市憑券領取

台北 忠孝駐點｜台北市大安區忠孝東路4段170巷17弄12號2樓(近忠孝敦化站3號出口)

台中 文心分館｜台中市南屯區文心路一段528號2樓

高雄 自由本館｜高雄市左營區自由二路188號3-5樓

JJTC

PLEASURE
潤滑液

溫感

涼感

水感

手＿滑液

intimate

Le Nuage Mousse

雲慕斯

慕白私密美妍膏
EnvyWhite intimate beauty cream

無甘油 就安心
jjtc.tw

r-Xing 阿性
TAIWAN

阿4生，
最懂你的親密顧問

阿性賣的不只是情趣，還有愛情♡

全台22間門市，60個無人據點，線上各通路在線
只要你想阿性隨時都在。

r-Xing阿性官

Play & Joy
Exploration · Inspiration

Explore Your True Self
Unleash Delight

探索真我 釋放愉悅

三種香味可選　原價 1,099
大麻精油按摩蠟燭
特價 899

按摩潤滑二合一　250ml　原價 650
超水潤潤滑液
特價 580

100ml\50ml　原價 430
絲滑基本型潤滑液
特價 380

水蜜桃風味　30ml　原價 530
口交潤滑液(食品級)
特價 470

250ml　原價 1,000
POWERMAN 男性清潔乳
特價 900

15ml \ 35ml　原價 2,200
玫瑰緊實潤滑液
特價 1,980

35ml　原價 1,380
古龍激熱加強液
特價 1,240

讀者專屬優惠區

詳情請至Play&Joy官網
https://pse.is/5xf6xz
英諾美生物科技股份有限公司
統一編號 5435-8758
電話 (02) 2552-9398